Erich Fromm

The Heart of Man

Its Genius for Good and Evil

人心

人是狼還是羊？
佛洛姆辯證人性善惡的經典

埃里希 · 佛洛姆 著

梁永安 譯

佛洛姆談愛生取向與創造性取向：

創造性強的人即使受傷、受辱、受損，光是因為他過著創造性的生活，便足以讓他忘卻從前受到的傷害。

創造生命，就是要超越生命像是「擲出來的骰子」那樣的偶然狀態。創造生命需要無能的人所缺乏的某些品質，但摧毀生命卻只需要一種品質：懂得使用暴力。

愛生性並非由單一特徵構成，而是一種整體取向，是一整套存在（生存）方式。它展現在人的身體發育過程、情感、思想和體態、動作之中——愛生取向會在一個人的各種層面呈現。

全心全意熱愛生命的人，會被生活的經歷與在各領域的成長過程所吸引。他會選擇建構而不是維持現狀。他擅於好奇，更樂意看到新事物，而不是從舊有事物中找到安全感。他更喜歡冒險的人生而不是確定性。他對待生命的態度是實事求是的，不是機械性的。

人只有消除他擁有的、堅不可摧之自我的錯覺，且一併放棄所有其他貪求之物，他才能對世界敞開心胸，並與之產生充分的關聯。

自由是一種態度，一種取向，是一個成熟、充分發展、富於創造性的人其性格結構的組成部分。在這層意義上，「自由人」就是一個充滿愛、富於創造性和獨立的人。

大多數人在生活智慧上一敗塗地，不是因為他們生來就壞，或者是他們太缺乏意志乃至無法擁有更好的人生，而是因為他們沒有覺醒，在走到十字路口和必須做出決定時不自知。他們沒有覺察生命向他們拋出問題，沒來得及在還有選項的時候做出選擇。

—導讀—

一場驚心動魄的閱讀旅程

——佛洛姆論「人心」

冀劍制（華梵大學東方人文思想研究所教授）

閱讀，是一門不簡單的技巧，尤其閱讀原創型大師著作。因為原創觀點必然包含著新概念，當這些新概念使用舊語詞來承載時，容易發生誤解。除非讀者小心翼翼地在閱讀中摸索前進。

在我的教學現場裡，有些學生非人文科系畢業，缺乏大學時期的人文閱讀素養訓練，到了碩士班仍被要求上課前閱讀經典並做報告。於是，文獻常被嚴重誤解而缺乏自覺。這種閱讀方式，或許有助於整理個人思維，但難以獲取新知。

這本書，也存在許多類似的閱讀陷阱。我們必須暫時放下自己對某些字詞的習慣解讀，跳脫出來試著思考作者的真正指涉，才能走進經典的殿堂。

由於書中充滿著對人的內心剖析，這些心理現象，看似極端但並不奇特，至少都能在自己心中發現其存在的蛛絲馬跡。所以，最好的閱讀方法，就是對號入座，試著把自己當作分析的對象。

如果你真的可以如此這般地打開內心，進入一種毫無防備的自我探索旅程。那麼，這趟旅程將很可能會是你前所未有、驚心動魄的大冒險。

自戀的人因為自戀而看不見內心的自戀

以第四章的自戀情結來說，多數人大概不會覺得自己「自戀」，相反的，自我厭惡說不定還更多一些。然而，兩者在此其實沒有衝突。

我們常常做一些理智上自己不認同的事情，像是想減肥戒掉美食又戒不掉，想多運動、多唸書又做不到。我們也從不滿意自己的任何一個屬性，總覺得自己不夠好看、不夠聰明、不夠自信、甚至不夠幽默，於是可能產生自我厭惡的心理。這是普遍每個人都有的「正常」情緒，也都很容易觀察到。

我們之所以不認為自己有自戀情結，除了誤以為自我厭惡就不自戀之外，我們對「自戀」這個詞的解讀，大概只是那種很愛自誇，或是會在鏡子前面欣賞自己美貌的人。這樣的人當然有，也是一種自戀，但非全部，甚至也不是多數。如果僅以這種慣用的方式來解讀，就無法深入此書的精華。

本書所談的自戀情結並不只是這種自戀。而是許許多多在認知上以及情感上，由於對自己的愛護與關心而造成的偏袒作用。這種作用，或深或淺地出現在每一個人心中，對大多數人來說，身陷其中而不覺。

在這種情況下，當我們閱讀此書時，即使正確解讀，也只會將其拿來對照周圍的人，觀看他人的自戀。這種閱讀方式雖然也能有所收穫，但非常可惜，無法真正進入內心而獲得重要的成長。

也正是由於自戀情結的作用，我們會直覺反應地封閉自己，拒絕察看內心的自戀，拒絕發現自己的醜陋與病態。然而，既然它是全人類共有，就沒什麼好覺得醜陋跟病態的。暫時放下這個價值觀，有助於我們打開心結，以便展開一場認識自我的旅程。

對號入座的思考探索內心深處

試著思考看看，當被別人批評的時候，是否會有非理性的排斥情緒、為了愛護自己而扭曲他人意見，甚至扭曲解讀自己的作為與想法來躲避批評。我們是否經常在合理化自己的錯誤，而對他人錯誤感到憤怒。我們是否常常只考慮自己而缺乏思考他人處境。

當你看到前面這些佛洛姆所描述的自戀情結的當下，你在想些什麼呢？試著回溯一下，內心是不是立即升起否定的思路。你可能會想到某一天某個場合，你認真聽別人的批評、遇到對自己不利的說詞時並沒有去扭曲、甚至想到某個沒有合理化自己錯誤的時刻。當然，這些可能都是事實，我們並非總是躲避批評。然而，當這些否定的思維立即在你心中出現時，就表示內心一股自我愛護的心結浮現，阻擋你深入探索。直白地說，一股強大的自戀情結阻止你認識自我。否則，何不去回想那些符合自戀的時機呢？

我的建議是，換個態度，去尋找排斥他人批評的時刻、為自己辯護而扭曲他人想法的時刻，以及採用不同標準的時刻。這樣才能真正踏上自我分析與自我認識的旅程。

以我個人的例子來說，由於我是留美的哲學博士，我很容易接受洋博士比較優秀的說法。即使這是事實，也容易過分拉大差距，並且容易以偏概全而看不見眾多特例，因而導致看不起所有土博士的心結，並以此沾沾自喜。然而，我並不是長春藤名校畢業的，照類似的標準來說，這些名校畢業生自然更優秀，但我們容易以一種差不了多少，或因人而異的觀點來看這個差距。而車子也是一樣，開名車的人容易輕視其他廠牌的車輛；而我開的不是名車，卻會以CP值較高來否定名車的價值。這些都屬於佛洛姆書中所談論到的自戀情結作用。如果過去看不清這些內在本性，就讓這本書協助你，克服心理障礙，直搗個人內心世界。

隱身的暴力因子

隱藏在內心的暴力，也和自戀情結一樣，占據著人心很大的一部分。從小孩打架到發動戰爭，暴力一直都對人們所期許的社會安定造成威脅。佛洛姆將暴力的發生區分成不同的類別，並深入分析其發生源由。了解源由才能找出有效的防治辦法。

舉例來說，在台灣社會常聽聞在街上被按喇叭後導致衝突。這一點其實我很能體會，因為我也常遇到一些不友善的喇叭聲，然後內心憤恨不已，甚至會在心中詛咒他人發生車禍。

然而，我也一直感到很納悶，為什麼小小的一個喇叭聲，可以引發這麼大的情緒反應呢？理智來說，那根本就不痛不癢，不是嗎？如果可以忽視它，不是最完美嗎？但情感上要忽視它卻異常困難，為什麼呢？依據佛洛姆的分析，這屬於一種「報復性暴力」的作用。他認為，這和自戀心理有關。因為在當今台灣文化裡，亂按喇叭這類不友善的行為有辱於自我形象，因此極具挑釁性，容易引發強烈敵意。

而這樣的情況嚴重的話，我們便可以看到長期以來中東地區的以巴仇恨，我們常常覺得仇恨停下來不是對雙方都好嗎？為何非要陷入一直不斷報復的惡性循環呢？從佛洛姆的分析來說，復仇已經成了生存的意義，若不復仇不僅會讓自尊塌陷，還會讓自我意識和身分認同面臨崩潰的危險。在這種心態下，停止暴力與停止報復就變得不是一件簡單的事情了。

然而，只要能看見這個非理性的連結，發現不報復根本無損於自身尊嚴，也沒失去任何有形或無形的東西，就容易放下引發暴力的心結。所以，當復仇之心燃起時，試著看清自己，我們可能不是自以為的捍衛正義，只是在更深沉的內心世界裡，自戀心理作祟，自尊受挫，而導致的暴力傾向而已。

戀母情結的作用

除了自戀與暴力，佛洛姆在第五章談到戀母情結時，談到內心衍生的各種需求，像是「想要得到保護的慾望」、「得到自戀性滿足感的欲望」、「擺脫責任、自由、察覺所具有的風險的渴望」、以及「對無條件的（不期待回報的）愛的渴望」。這些也都可以在每個人深層的內心找到。尤其當我們處於無助時，這些渴望便更明顯呈現。但我們自知需要獨立自主，需要發展自己，於是就在佛洛姆所說的「倒退回子宮」與「響往冒險」中拉扯。這個拉扯作用便形成了兩種完全不同的生命走向，以及善惡的抉擇。

人性是善還是惡？

自古以來，東方哲人探究著「人的本性究竟是善還是惡？」無獨有偶，西方哲人也探究著，「人究竟是狼性還是羊性？」本書一開始佛洛姆就提出的這個問題，在第六章進行了深度的剖析。他認為這個問題本身並不適用於探討人性本質。或者，如果我們堅持這個善惡架構的話，依據佛洛姆的觀點，「善惡的衝突」是個可能的解答。

他認為人性裡存在著兩種傾向，一個是受制於「倒退」的原始力量，回到暴力、自戀等情結裡，成為一種病態的存在。另一股力量則在於「前進」、「覺醒」，最終奔向生命的和諧與自由。佛洛姆認為，這兩種傾向的衝突，就是人性的本質。所以如果我們把倒退稱之為惡，前進稱之為善，那麼，人性的本質並非善或惡，而是善惡的衝突。

那麼，在這個衝突中，我們究竟有多少自由可以選擇呢？這裡就進入了當代最熱門的哲學話題之一，「自由意志是否存在？」「我們究竟有多少自由？」雖然這些問題當今並沒有完全的共識，但越深入分析，就越清楚在這場人性矛盾本質的戰役中，我們將會遇見多少難題，以及多少必經的失敗歷程。而每一次的抉擇，都讓我們重新決定生命的方向，是關閉內心前進的呼喚而服從倒退的本性，還是走向自由與覺醒？

如果你仍然在這個矛盾人性的戰場上奮鬥，甚至已經精疲力盡、瀕臨放棄邊緣，那麼，沿著佛洛姆的分析來探索自己的內心掙扎吧！這能讓我們更加看清這場戰役，並藉此找回真正屬於自己的生命方向。

「人性的善，並非本有，而是奮鬥下的產物。」我想，這會是佛洛姆人性論的可能解答。那麼，你是否下定決心，意欲前往佛洛姆的心理分析世界了呢？這或許會是你生命中最重要的抉擇之一，也是走向覺醒的關鍵時刻。

目錄

人心

前言

《人心》（*The Heart of Man, 1964*）取自我幾本較早期著作中的想法，加以進一步發展。在《逃避自由》（*Escape from Freedom, 1941*）中，我處理了自由的問題，處理了施虐癖、受虐癖和破壞性的問題。然而，臨床經驗和理論思考讓我對自由有了更深入的理解，也更明白不同種類的攻擊性和破壞性。我已經能夠明確區分兩種現象：一種是直接或間接服務於生命的各種攻擊性行為；另一種是惡性的破壞性，即戀屍癖（necrophilia），它是對死亡的熱愛，與愛生性（biophilia，對生命的熱愛）形成鮮明的對比。在《自我的追尋》（*Man for Himself, 1947*）中，我基於我們對人類本性的知識（而非上帝啟示或人為法律）探討了倫理規範的問題。而在《人心》中，我對這個問題進一步追根究柢，並討論惡的性質，以及人們如何在善惡之間進行選擇。最後，《人心》在某些方面是《愛的藝術》（*The Art of Loving, 1956*）的姊妹篇：《愛的藝術》主要探討人類愛的能力，《人心》則主要探討人的破壞能力、自戀和亂倫固著（incestuous fixation）。雖說對非愛（non-love）問題的探討占了本書大部分篇幅，但也從一個更寬廣的新角度——愛生命（love of life）的角度——討論愛的問題。我設法指出，愛生命、獨立性和對自戀的克服會讓我們形成「成長症候群」（syndrome of growth）；反之，對死亡的熱愛、亂倫共生（incestuous symbiosis）和惡性自戀會導致「衰敗症候群」（syndrome of decay）。

我會從事「衰敗症候群」的研究，不只是根據臨床經驗，更受到這些年社會發展與政治發展的啟發。越來越迫切的問題是，雖然我們知道核子戰爭爆發的後果，也極力避免，但是，與危險的嚴重程度、爆發戰爭的可能性相比，人們為避免戰爭所做的嘗試和努力顯得徒勞無功。為什麼會如此？對這項問題的關注，讓我開始研究「在機械化程度越來越高的工業社會中，人類對生命表現出來的漠不關心」。身在這種社會中的「人」被轉化成為「物」，其結果就是，人的內心充滿焦慮，以及對生命的冷漠，甚至仇恨生命。此外，當今社會彌漫著暴力情緒（從青少年犯罪案件居高不下，和甘迺迪總統遇刺等事件可見一斑），這也要求我們有所了解並做出解釋，以作為邁向改變的第一步。我們面臨著一個問題：就算沒有爆發核子戰爭，人類是朝著一種新的野蠻狀態邁進呢？還是人本主義的傳統依然有復興的可能？

除了上述這些問題，本書還致力於釐清我的精神分析概念與佛洛伊德理論之間的關係。我從來就不同意把我歸類為一個新的精神分析「學派」，不管是被稱為「文化學派」（cultural school）還是「新佛洛伊德主義」（Neo-Freudianism）。我認為，很多新學派在發展出寶貴見解的同時，也拋棄了佛洛伊德許多最重要的發現。我當然也不屬於「正統佛洛伊德派」（orthodox Freudian）。事實上，任何一種歷經六十年而不變的理論都不可能符合創始人的原意：它會流於一種僵化的重複，而這種重複本身就一種畸形。佛洛伊德的基本發現是根據某種哲學參考架構而構思的，這架構就是在二十世紀初期為大多數自然科學家所接受的機械唯物主義（mechanistic materialism）。我相信佛洛伊德思想的進一步發展，需要一個不同的哲學參考架構，那就是辯證人本主義（dialectic humanism）。我設法在本書顯示，佛洛伊德最重大的發現——即戀母情結（Oedipus complex）、自戀（narcissism）與死亡本能（death instinct）——都被他的哲學前提束縛了手腳，如果可以把它們解放出來，轉置於新的參考架構中，佛洛伊德的這些重大發現會變得更加有力和有意義。[1]我相信，正是因為人本主義的參考架構將不留情的批評、不妥協的現實主義和理性的信仰融合在一起，才能讓佛洛伊德這些重大發現奠定理論基礎的工作獲得具有成效的發展。

還有一點。儘管本書表達的思想都是我作為精神分析學家從事臨床工作得到的結果（某種程度上我也是個社會過程的研究者），不過我略去了大量臨床資料不提。我計畫在一部較大的書中運用那些資料，該書是討論人本主義精神分析的理論與療法。

最後，我要感謝愛德華茲（Paul Edwards）就本書〈自由、決定論與取捨論〉這一章所提出的批判性建議。

埃里希・佛洛姆

1 我要強調，這種精神分析概念並不意謂著要用如今所謂的「存在主義式分析」來取代佛洛伊德的理論。這種取代往往是淺薄的，不過是套用了海德格（Heidegger）、沙特（Sartre），或胡塞爾（Husserl）的一些術語，未曾將它們與對臨床事實的深入觀察相結合。不只某些「存在主義」精神分析學家如此，沙特自己的心理學思想也是如此（它們雖然聽起來精采，但卻失之膚淺，缺乏堅實有力的臨床依據）。與海德格的存在主義一樣，沙特的存在主義並不是新的開端，而是終結。兩者都是西方人在表達經歷了兩次世界大戰，及希特勒和史達林政權之後的絕望情緒。然而，兩者又不僅僅是絕望情緒的表達，還是資產階級極端自我中心主義與唯我主義的展現。這一點我們可輕易地在親納粹的海德格身上看出來。沙特則較有欺騙性，因為他聲稱自己代表的是馬克思主義，是屬於未來的哲學家。然而他不過是在鼓吹脫序（anomie）和自私社會的精神，儘管他也批判這種社會，表示想要加以改變。至於「生命不具有上帝所給予且保證的意義」（譯者按：語出沙特）這種觀念，許多思想體系都有這個見解，在宗教中，以佛教最為突顯。然而，在沙特及其追隨者宣稱不存在對所有人有效的客觀價值體系，以及秉持一個只管一己好惡的自由概念時，他們已經丟棄了有神論宗教和無神論宗教曾取得的最重要成就，也丟棄了人本主義傳統。

第一章

人是狼還是羊？

每個人都朝著他選定的方向發展：
向生或向死發展，向善或向惡發展。

有很多人認為「人是羊」，也有很多人認為「人是狼」。雙方都能為他們的立場提出充分的論點。那些認為「人是羊」的人只要舉出一個事實就夠：人很容易被他人唆使，去做一些甚至會傷及自身的事情；人會追隨領袖，投入只會為他們帶來毀滅的戰爭；任何謬論，只要被說得夠多次和得到權勢者支持，都可讓大眾深信不疑——神職人員和當權者聲色俱厲的威嚇如此，煽動家的溫言軟語也如此。大多數人似乎都是容易被催眠、半睡半醒的孩子，在任何夠有力的威脅或甜言蜜語前面心甘情願地任人擺布。內心有著堅定信念，不理會普羅大眾意見的人也是有的，但他們是少數中的少數，屬於例外現象。這些與眾不同的人往往要等幾個世紀以後才會受人景仰，大部分在活著的時候都是遭人取笑。

宗教裁判所的大審判官與政權的獨裁者，正是根據「人是羊」的假設來建立他們的體系。更進一步來說，因為相信人是羊，需要領袖代他們做決定，所謂的領袖常常發自真誠地深信，如果按照人民所想的、為他們卸去責任和獨立自主的重擔，就是在履行一項道德義務——儘管那是悲劇性的義務。

然而，倘若大多數人真的是羊，那為什麼人的生命與羊會如此不同？人的歷史是用鮮血寫成的，是一部暴力紛爭層出不窮的歷史，在其中，武力幾乎無一例外地被用來屈折人的意志。僅僅是塔拉特．帕夏[1]一個人就可以屠戮幾百萬亞美尼亞人嗎？僅僅是希特勒一個人就可以屠戮幾百萬猶太人嗎？僅僅是史達林一個人就可以屠戮幾百萬政敵嗎？非也。他們不是憑一己之力，有成千上萬的人為他們殺人，為他們折磨人——不只自願地做，還樂在其中。人對人的不人道行為不是隨處可見嗎？它表現在殘酷的戰亂，表現在謀殺和強姦，表現在強者對弱者的無情剝削，表現在人對受折磨者和受苦難者的呻吟聲充耳不聞。一樁樁事實擺在眼前，使得霍布斯（Thomas Hobbes）之類的思想家得出結論：對人來說，人就是狼（*Homo homini lupus*）。在他們的影響下，今天很多人都假設，人性本惡和具有破壞性，嗜殺成性，只有出於對更強大的殺人者的恐懼，才會有所收斂，停止他嗜殺成性的消遣。

可是，「人是狼」與「人是羊」這兩種觀點都讓我們心存疑惑。確實，我們可能自己就認識像史達林和希特勒那種潛在或外顯的殺人狂和施虐狂。但這些情況都是特例而非通則。我們應該假定大多數普通人都是「披著羊皮的狼」，應該假定一旦擺脫阻止我們像野獸般行動的抑制因素，就會暴露出我們的「真實本性」嗎？這種假設很難推翻，卻也無法讓人完全信服。在日常生活中，人們可以縱情於殘忍和施虐而不必擔心被報復的機會多得很，但很多人不會這麼做。事實上，很多人在看見殘忍和施虐的行為時，往往會心生反感。

如此說來，眼前這個令我們迷惑不解的矛盾現象是不是另有更好的解釋？我們是不是該假定答案其實很簡單，就是有為數不多的狼和眾多的羊生活在一起？當狼想要殺戮時，羊會想要追隨。因此，當狼唆使羊去行凶、謀害和絞殺，羊就照辦。不是因為羊喜歡幹這些事，而是因為他們想要追隨。即使如此，嗜殺成性的人為了驅使眾多的羊做出如狼一般的行為，也不得不編些故事來表明自己動機高尚，所作所為是為了捍衛對自由的威脅，是為了替喪命於刺刀之下的小孩、遭強暴的婦女和尊嚴被踐踏的人報仇。這個回答聽起來有道理，但仍舊充滿疑點。按照這種說法，是否意謂著這世上存在兩類人，一種具有狼性，另一種具有羊性？再者，如果

1　譯註：塔拉特·帕夏（Talaat Pasha）是第一次世界大戰期間鄂圖曼帝國三位實質掌權者之一，曾發起屠殺國內少數民族亞美尼亞人的活動。

不是天性暴力，羊又何以如此輕易地被說服而變得行事如狼？（光指出暴力在他們面前被偽裝成神聖的職責不足以解釋這一點。）我們關於狼與羊的假設可能是站不住腳的：會不會狼才代表著人的基本本性，只是他們比大多數人表現得更外顯？或者，這種想法可能同樣是錯的。會不會人既是狼也是羊？或者既不是狼也不是羊？

如何回應上述這些問題，在今日具有關鍵的重要性。如今，各個大國都打算使用最具破壞性的武器來毀滅「敵人」，即使自己也可能在這個過程中同受毀滅仍在所不惜。倘若我們相信人在本性上傾向於摧毀，認為使用武力和暴力的需要是根植於人性，那麼，面對世界日益野蠻化，我們的抵抗將會越來越脆弱。雖然有些人比其他人更具狼性，但既然大家都是狼，我們又何必去抵抗狼呢？

人是狼還是羊這個問題，只是西方神學和哲學思想中，一個牽涉廣泛、基本難題的特殊表現形式，這道難題就是：人基本上是邪惡和墮落的，還是良善和可趨於完善的？《舊約聖經》並沒有主張人基本上是墮落的觀點，亞當和夏娃對上帝的悖逆並未被稱為「罪」（sin），也沒有任何地方暗示此悖逆使人墮落。恰恰相反，這種悖逆是人能夠產生自我意識和有能力進行選擇的先決條件，說到底，是人邁向自由的第一步。看來，亞當和夏娃的叛逆行徑甚至是在上帝的計畫之內，因為按照眾先知的思想，人正是因為被逐出伊甸園才得以開創自己的歷史，才得以發揮他身而為人的力量，並得以作為一個充分發展的獨立個體，在人與自然之間達成一種全新的和諧關係（這種和諧不同於他被逐出伊甸園之前獲得的和諧，那個時候他還不是獨立的個體）。眾先知的彌賽亞觀念當然暗示著人並非生性墮落，所以不需要上帝的特殊恩典便可得救。然而這觀念並未暗示人的向善潛能必然會獲勝。一個人如果作惡了，他會變本加厲。所以，法老的心「變得冷硬起來」，因為他作惡不斷。這副鐵石心腸到最後再也不會發生改變，也絕無可能悔改（《舊約聖經．出埃及記》）。《舊約聖經》裡列舉的惡人惡事與善人善事一樣多，就連大衛王這樣崇高的人物都不能倖免於惡人惡事的名單中。《舊約聖經》的主張是：人兼具善惡兩種品行，他必須在善與惡之間、在福與禍之間、在生與死之間做出選擇。縱然是上帝也不會干涉他的選擇。上帝只會派遣使者（即先知）把行事準則和明辨善惡的方法傳達給世人，向世人提出警告和抗議。但一切也就到此為止，之後便由人獨自面對向善還是行惡的「兩難之選」，何去何從完全是他個人的事。

基督教的發展卻是另一副面貌。在基督教會的發展過程中，亞當的悖逆是以罪論處的。事實上，這罪被認為嚴重到敗壞他本性的程度，也順帶敗壞了亞當所有後代子孫的本性。因此，僅憑自身的努力，人永遠無法剔除身上的墮落之根。只有上帝施以天恩，讓基督降臨人世並為人類而死，才能徹底根絕人的墮落，並救贖那些信奉基督的人。

但是，在基督教會內部，這套原罪說也絕非人人同意、毫無反對之聲。伯拉糾[2]攻擊過它，但失敗了。文藝復興時期教會中的人本主義者雖然無法像許多異端那樣直接攻擊或否定原罪說，卻也傾向於弱化其影響力。馬丁．路德後來固然更加強調人天生的邪惡與墮落，但文藝復興和其後的啟蒙運動思想家則朝反方向邁出激烈的一步。啟蒙運動的思想家宣稱，人所有的罪惡只不過是環境造成的，因此人其實不需要內心交戰。他們認為，只要改變會產生罪惡的外在環境，人固有的善良幾乎就會自發地湧現。這種觀點也影響了馬克思及其繼承者。「人性本善」的信念其實是人產生新的自信的結果，這種自信乃得益於文藝復興時期以來人類社會在政治和經濟領域取得的長足進步。與此相反，強調人具有作惡傾向的這項傳統，在西方世界道德破產之後再度抬頭——這種道德破產始於第一次世界大戰，貫穿希特勒、史達林等人的所作所為，歷經考文垂大轟炸和廣島原爆事件，再延續至如今各國為毀滅全球的核子戰爭所做的準備。性惡觀引起人們新一輪的重視，無疑是一劑有益健康的良藥，可以讓我們不再低估人的潛在劣根性。但遺憾的是，人們也常常用它來嘲笑那些仍未對人類失去信心的人，有時甚至導致誤解甚至扭曲這些人的立場。

由於我是那些常被誤解為低估人類潛在惡性的人之一，我想要在此強調，這種感情用事的樂觀主義並不是我的思考樣態。任何具備長期臨床經驗的精神分析學家，想要輕視人身上所具有的各種破壞性力量是很困難的。在病情嚴重的病人身上，他會看到這些力量發揮的作用，也體驗到想要遏制它們，或是把它們引導至有益的方向是多麼困難。同樣的，任何見證過自第一次世界大戰以來邪惡和破壞性大

2 譯註：伯拉糾（Pelagius），西元三、四世紀不列顛神學家，極力反對奧古斯丁派「人類完全墮落」之教義，提倡一種自由意志教義，否認原罪，謂上帝恩典非人所不配得，亦非得救所必須。

爆發的人，很難不看見人類破壞性的力量和猛烈程度。但是，我們還面對著另一種危險：今天籠罩著人們——從一般人到知識分子——的無力感有增無減，它可能會導致人們接受一個新版本的原罪說，來合理化「戰爭無可避免」的失敗主義觀點，主張戰爭是出於人類本性中的破壞性。持這種觀點的人有時頗以其尖銳的現實主義自豪，但它在以下兩個方面並不合乎現實。

首先，人類的破壞性欲望來勢洶洶，但這絕不意謂著它們是不可戰勝，甚至是壓倒一切的。這種觀點的謬誤還在於它有著一個錯誤的前提：戰爭主要是心理力量的結果。事實上，在理解社會和政治現象時，我們幾乎沒有必要停留在這個「心理主義」謬誤。戰爭是政界、軍界和商界領袖決定發動戰爭的結果，這些人志在獲取領土、自然資源和貿易優勢，或是為了抵禦真真假假的外國威脅，又或者為了壯大自身的威望和榮耀。他們與平民百姓並無分別：自私自利，幾乎不可能為了他人而放棄一己之利。可是他們既不殘忍，也不邪惡。這種人在日常生活中大概做的好事要比壞事多，但當他們一旦掌握了權力，指揮著千百萬人民和掌控著最具毀滅性的武器時，卻可能帶來巨大的災禍。如果還是平民百姓，他們可能只會摧毀某個競爭對手，而在我們這個由主權國家構成的世界中（「主權」意味著不受任何限制主權國家行為的道德法則的約束），他們卻可能毀滅整個人類。人類面臨的主要危險，不是窮凶極惡的人，也不是施虐狂，而是尋常人掌握著非同尋常的權力。正如一個人需要武器才能打仗，他同樣需要強烈的激情（如仇恨、義憤、破壞欲和恐懼）才能驅使數以百萬計的人甘冒生命的危險奔赴戰場成為劊子手。這些激情是發動戰爭的必要條件。它們不是原因，一如槍砲本身也不是戰爭爆發的原因。很多觀察者指出，在這方面，核子戰爭不同於傳統的戰爭。那個按下核彈發射按鈕的人可能就此殺死成千上萬的人，但他卻幾乎體會不到拿刺刀或機槍殺人的士兵的感覺。但是，即使發射核子武器的人只是在忠實執行上級命令，仍然存在一個問題：為了讓他能夠按下按鈕，在他的人格深處就算沒有破壞性衝動，是否仍然需要有一種對生命極端漠不關心的態度？

我在下文將會特別探討三種現象，在我看來，它們構成了最邪惡和最危險的人類行為取向的基礎：對死亡的熱愛、惡性自戀和共生—亂倫固著（symbiotic-incestuous fixation）。這三種取向結合時會形成「衰敗症候群」，會促使人為了破壞而破壞，為了仇恨而仇恨。與「衰敗症候群」截然相反的是「成長症候群」，它由對生命的熱愛（相對於對死亡的熱愛）、對人類的愛（相對於自戀）和獨立性（相對於「共生—亂倫固著」）組成。只有少數人才會完全發展出兩種症候群的其中一種。但無可否認的是，每個人都朝著他選定的方向發展：向生或向死發展，向善或向惡發展。

第二章

各種類型的暴力

創造生命需要無能的人所缺乏的某些品質。
但摧毀生命卻只需要一種品質：懂得使用暴力。

雖然本書的主要部分將探討人類破壞性所導致的各種惡行，但我想先討論其他形式的暴力。我並不打算詳盡無遺地談，但我相信先處理病態程度較輕的暴力，可能有助於我們理解嚴重病態和人類破壞性所導致的惡行。我對各種類型暴力的區分是根據它們背後各不相同的無意識動機，因為只有洞悉行為背後的無意識動機，我們才可能理解行為本身，其根源、過程，和其所負載的能量。[1]

最正常和非病態的暴力形式是遊戲型暴力（playful violence）。行使這種暴力的人常常是為了炫示技能而不是追求破壞，不是受到仇恨或破壞衝動的驅使。遊戲性暴力的例子很多，從原始部落的戰爭遊戲，到禪宗的劍術比試皆屬此類。在這些對抗性的遊戲中，擊殺不是目的，即使結果導致對手死亡，也可以歸咎對方，例如

1　有關攻擊性的各種形式，精神分析研究文獻有豐富材料可供參考，特別是*The Psychoanalytic Study of the Child*（New York: International Universities Press）的各篇文章。有關人類與動物攻擊性的問題，特別值得參考的是J. P. Scott, *Aggression*（Chicago: University of Chicago Press, 1958）。另參考Arnold H. Buss, *The Psychology of Aggression*（New York: John Wiley & son, 1961）。再來還可參考Leonard Berkowitz, *Aggression*（New York: McGraw-Hill. Co., 1962）。

走位失當。我們說遊戲型暴力不具摧毀動機，只是就這類遊戲的理想類型而言。在現實生活中，常會發現有些暴力行為表面上符合遊戲型暴力的邏輯，但背後暗藏著無意識的攻擊性和破壞性。不過，即使如此，此類型暴力的主要動機還是為了展現技能，而不是破壞。

比遊戲型暴力更具現實意義的是反應型暴力（reactive violence）。我所謂的反應型暴力，是指人為了捍衛自己或他人的生命、自由、尊嚴和財產而使用的暴力。它源於恐懼，也正因為如此，它很可能是最常見的暴力形式。這裡說的恐懼或許有事實根據，也可能出自想像；或許是有意識的，也可能是無意識的。此類型暴力為生命服務，而非死亡；其目的在於保存，而非毀滅。它並不完全源於非理性的激情，某種程度上反而是理性評估的結果，因此同樣隱含著讓目的與手段之間比例得宜的考量。有人從宗教的層面主張，殺人這種事即使是出於防衛，在道德上也是不對的。不過，大多數持這種觀點的人也承認，為捍衛生命而使用暴力，與純粹為破壞而使用暴力，二者有本質上的差別。

人們感覺自己受到威脅，並因此產生反應型暴力，常常並非基於客觀的事實，而是受到擺布所導致。政治領袖和宗教領袖喜歡讓追隨者相信他們受到敵人的威脅，以此激起他們的反應性敵意。照這樣看，正義戰爭與不義戰爭之間的區分——從資本主義政府、共產主義政府，到羅馬天主教會都有這種區分——是最值得商榷的，因為交戰雙方都有辦法將自己說成在抵禦外敵的攻擊。[2]幾乎沒有一場侵略戰爭不能假防禦之名發起。至於誰才真的有資格自稱防禦者，通常由勝利者決定，有時在事隔許久之後會有較客觀的歷史學家評定。假裝任何戰爭都是防禦性戰爭的傾向表明了兩件事。首先，大多數人——至少是大部分文明國家中的大多數人——不會在受到強迫之下去殺人或送命，除非一開始就相信自己這麼做是為了捍衛生命和自由。其次，表明想要讓幾百萬人相信他們正處於被攻擊的危險，因而有必要起而防衛自己，並不是難事。這種論點之所以容易說服人們，在於人們缺乏獨立的思想和感受，在於大多數人對他們的政治領袖有著情感依賴。有了這種依賴，則幾乎一

2　一九三九年，希特勒製造波蘭軍隊（實際是納粹黨衛軍冒充）攻擊西里西亞電臺的假象，好讓德國民眾相信他們的國家受到攻擊，使他有理由對波蘭發動「正義戰爭」。

切事情只要說得擲地有聲，人們都會信以為真。當然，人們相信了別有用心者所捏造的威脅，引發的心理結果與他們真正受到威脅時是一樣的。人們感受到威脅，為了自衛，他們願意去殺害別人。在被害妄想症患者身上，我們看到了同樣的機制，只不過它不是以群體為基礎，而是以個人為基礎。在這兩種情形中，個體都在主觀上感到自己身處危險，因而採取攻擊性反應。

反應型暴力的另一層面是由挫折引發的暴力類型。當願望沒有實現或需求沒有被滿足時，動物、兒童和成人都會出現攻擊行為。[3]這種攻擊行為是企圖使用暴力來達成那個原本受挫的目標，只不過往往徒勞無功，它顯然是一種為生命而服務的攻擊性，不是純粹為了摧毀。時至今日，需求受挫與欲望受挫在大多數社會中還是普遍現象，我們沒有理由對暴力和攻擊行為屢見不鮮而感到訝異。

與挫折所引發的攻擊性相關的，是羨慕和嫉妒造成的敵意。嫉妒和羨慕都是特定類型的挫折，起因是乙擁有的一件物品是甲渴望得到的，或一個愛慕乙的人是甲渴望得到的。這便引起甲對乙的仇恨和敵意，因為乙擁有甲想要卻不可得的東西。更強化這種挫折的，是甲不只得不到他想要的，他想要的還偏偏落在他人手裡。《舊約聖經》中該隱的故事便是一個好例子。該隱本身並無過錯，卻不為上帝所喜愛，後來他在田間把蒙神悅納的兄弟亞伯殺死。還有約瑟和兄弟的故事也是都是嫉妒和羨慕的經典例子。精神分析文獻為此現象提供大量的臨床資料。

另一類與反應型暴力有關，但已朝病態方向前進一步的，是報復型暴力（revengeful violence）。反應型暴力的目的是移轉被感知到的傷害威脅，正因為如此，這種暴力具備有益於個體生存的生物功能。但在報復型暴力中，傷害已然造成，因此暴力並不具有防禦功能，它具有的是一種非理性的功能，意在把實際上已經發生的事情奇蹟般地恢復到未發生。我們在原始或文明群體中，還有在個人身上，都看得見報復型暴力。在分析此類型暴力的非理性本質時，我們可以更深入一層。報復動機的大小與群體或個體的力量和創造性強弱成反比。無能的人和身障者在受到傷害時，只有一條途徑修復其被粉碎的自尊：以牙還牙。與此相反，創造性強的人並

---

3 Cf. J. Dollard, L. W. Doob, N. E. Miller, O. H. Mowrer, and R. R. Sears, *Frustration and Aggression*（New Haven: Yale University Press, 1939）。此書材料豐富。

沒有、或者幾乎沒有這種需求，即使他受傷、受辱、受損，光是因為他過著創造性的生活，便足以讓他忘卻從前受到的傷害。創造性能力被證明比復仇願望更加強烈。這一觀點我們可以輕易透過小至個人，大到社會規模的例證來證實。精神分析的相關資料表明，心智成熟和具創造性的人更少受到復仇欲望的驅使。相比之下，難以完全獨立生活的精神官能症患者往往傾向於將他全部的人生意義放在復仇願望上。在重度精神機能障礙患者身上，復仇成為生命的主要目標，因為不復仇的話不僅會讓他的自尊坍塌，還會讓他的自我意識和身分認同有面臨崩潰的危險。我們同樣也看到，在最落後（指經濟、文化或情感方面落後）的群體，復仇意念（例如為戰敗復仇）最強烈。因此，在許多工業化國家中，最貧窮的下層中產階級，都是容易有復仇意念的群體。他們也是容易受到種族主義和民族主義煽動的群體。我們很容易透過「投射測驗」[4]看到強烈的復仇情感與經濟窮困、文化貧乏之間的關係。但是，如何理解原始社會裡的復仇現象是更為複雜的問題。很多原始社會具有強烈的、甚至制度化的復仇意念和模式，整個群體都感受到有為任何成員所受的傷害報仇的義務。此處可能有兩個因素發揮決定性作用。第一個因素與上文所述的因素如出一轍：原始社會的精神貧乏狀態，讓復仇成為一種補償損失的必要手段。第二個因素是自戀心理，本書第四章將對此有詳細討論。在這裡，我們只需要指出，有鑑於原始社會固有的強烈自戀心理，任何有辱其自我形象的言語或行為都極為挑釁，容易引發強烈的敵意。

有一個破壞性產生的原因與報復型暴力密切相關，它是因信念崩潰（shattering of faith）而起。這種信仰崩潰常常發生在兒童的生命中。那麼，何謂「信念崩潰」呢？

兒童帶著對善、愛和公正的信念展開生命。嬰兒信任母親的乳房，相信母親會在他冷的時候給他溫暖，在他生病的時候給他安慰。同樣的，嬰兒會信任父親、祖父母或任何一個與他親近的人，這種信任也可以表現為對上帝的信仰。不過，許多人早在孩提時代就失去了這種信念。孩子發現父親在某件重要的事情上撒謊；他

4「投射測驗」（projective test）是一種開放性測驗，研究人員會解釋答案的無意識含意，如此一來，得到的資料便不是關於「意見」，而是關於在個人內部無意識作用的力量。

看見父親懦弱又懼內，為了取悅母親隨時準備背叛自己（指孩子）；他目睹父母性交，可能會因此覺得父親像野獸；當他不開心或是受了驚嚇，一直口口聲聲自稱關心他的父母卻渾然不覺，又或者即使孩子明確表達了，父母依然不聞不問。孩子最開始是相信父母愛他，相信他們會誠實和公正待他，然而這項原初信念後來會遭到多次打擊而粉碎。有時，在宗教環境中長大的孩子，信念的喪失會直接關係到上帝。當一隻他喜歡的小鳥、一個朋友或姊妹死了，他原本相信上帝是善良而公正的信仰就會粉碎。至於粉碎的是他對一個人的信仰還是他對上帝的信仰，並沒有多大分別。在他內心裡破滅了的，永遠是對生命的信念，永遠是他認為生命可以信任的信仰。每個孩子都必然會經歷很多次幻滅，重點在於一次特定的失望事件的尖銳和嚴重程度。人的第一次和至關重要的一次信念破滅常常發生在幼年時期，在四、五、六歲或甚至更早，總之是沒有什麼記憶的人生階段。人的最後一次信念崩潰常常發生在年紀漸長之後：被朋友背叛、戀人變心、被宗教或政治領袖欺騙等，皆屬此類。這些人曾經都是他信任的對象。人會信仰、信念崩潰，極少是因為單一事件，更多時候是一連串微小的經歷累積而成。對這些經歷的反應因人而異。在受到別人的背叛之後，有些人的反應是讓自己變得獨立，並找到自己可以信任的新朋友、新導師和新戀人。這是對早期失望最可喜的反應。但在許多情形中，人們繼續維持懷疑的態度，指望有可以恢復信念的奇蹟出現，總是試探別人或投入強有力權威（教會、政黨或領袖）的懷抱以便重拾信念。他往往會狂熱追求一些世俗目標（如金錢、權力或地位），要以此克服因為對生命失去信念而感受到的絕望。

還有另一種反應對暴力這個主題來說具有重要性。深受欺騙和深感失望的人也可能開始仇視生命。倘若沒有任何事和任何人可以信仰，倘若人對善和公正的信仰自始至終只是一種愚蠢的錯覺，倘若生命的主宰是魔鬼而非上帝——那麼，生命就會變得可恨，而一個人再也無法忍受失望所帶來的痛苦。他想要證明生命是邪惡的，人是邪惡的，他自己也是邪惡的。如此，這個失望的信徒和愛生命的人將會變成憤世嫉俗者和破壞者。這種破壞性來自絕望：對生命的失望帶來對生命的痛恨。

在我的臨床經驗中，這種喪失信仰、信念的切身經歷屢見不鮮，常常構成一個人生命中最重要的動力。在社會生活中，情況也是如此：當人們信賴的領袖到頭來被證明為邪惡或無能時，他們的反應要不是變得獨立，就是變得憤世嫉俗或具有破壞性。

儘管上述這些形式的暴力仍然切合實際地，或不可思議地為生命服務，或至少是在生活中受到傷害或心生失望的狀態下而引起的，但以下談到的補償型暴力（compensatory violence）卻是病態得多，儘管它的病態程度不若本書第三章要討論的戀屍癖激烈。

我所謂的補償型暴力，是指一個無能的人用暴力作為創造性活動的替代品。為了使讀者理解這裡所說的「無能」（impotence），我必須有些初步的說明。人固然受制於自然的力量和社會的力量，但他同時又不純然是環境的產物，還有著一定程度轉化和改造世界的意志、能力和自由。在這裡，重要的不是他的意志和自由的範圍，[5]而是他無法忍受絕對的被動。他身上有力量驅策他在世界上留下自己的印記，要去轉化和去改造，而不只是被轉化和被改造。人類的這種需要表現在史前的洞穴繪畫，表現在一切藝術作品、勞動和性活動中。這些活動都是人有能力確立自己的目標，並為這些目標作出努力的結果。這種能如此發揮自身各種力量的才幹，就是能力（而性能力只是能力的諸多形式之一）。倘若一個人因為軟弱、焦慮或者無法勝任等原因而無法付諸行動，倘若他無能，那他就會痛苦。這種因為無能而引起的痛苦源於他的內在平衡被打破了，源於他無法接受完全無能為力而不嘗試恢復行動能力的狀態。然而，他做得到嗎？又該怎麼做？方法之一是服膺和認同有權勢的人或群體。透過象徵性地參與別人的生命，人製造了自己能行動的錯覺，儘管在現實中他不過是那些能行動的人的附屬品。另一種方法是（這就回到了本章的主題）運用自己的破壞力量。

創造生命，就是要超越生命像是「擲出來的骰子」那樣的偶然狀態。但摧毀生命也意謂超越生命，逃離完全被動所帶來的無法忍受的痛苦。創造生命需要無能的人所缺乏的某些品質。但摧毀生命卻只需要一種品質：懂得使用暴力。一個無能的人如果有一支槍、一把刀或強有力的臂膀，他就可以透過摧毀別人或自己的生命來超越生命。如此，他便可報復生命將他拒之門外。補償型暴力正是根植於無能和為了補償無能。不能創造事物的人會想要摧毀事物。在創造和摧毀中，他超越了他只

5 關於自由的問題，見第六章的討論。

是被造物（creature）這原來的角色。法國作家卡謬（Albert Camus）借古羅馬暴君卡里古拉（Caligula）之口精闢地表達了這一點：「我活著，我殺戮，我行使一個毀滅者所擁有的、令人如癡如狂的權力。與之相比，一個創造者的力量只是兒戲。」這是殘缺之人的暴力，是那些生命不讓他們有機會施展人類特有力量之人所熱中使用的暴力。他們需要摧毀，正因為他們是人，因為生而為人就意謂著要超越物的狀態（thingness）。

與補償型暴力密切相關的，是一種想要完全和絕對地控制一個生命體（動物或人）的驅力。這種驅力是施虐癖的本質。正如我在《逃避自由》一書中指出，施虐癖的本質不是希望對他人造成痛苦。我們觀察到各種不同形式的施虐癖，都可以歸結到一種本質性衝動，即完全主宰另一個人，使他成為被我們意志操縱的對象，成為他的上帝，隨心所欲地擺布他。羞辱和奴役他只是實現這個意志的手段。最徹底的目標是讓他受苦，因為沒有什麼比強迫另一個人受苦、讓他無法防衛自己，更可以顯示出一個人的主宰力。完全控制另一個人（或動物）帶來的快感是施虐癖驅力的真正本質。也可以這麼說，施虐癖的目的在於把一個人變成物，把有生命變成無生命，因為受到完全和絕對控制的生命會失去生命的最基本特徵：自由。

只有充分體驗過個人和群眾的摧毀型與施虐型暴力有多麼的強烈和頻繁，才能理解補償型暴力不是膚淺的暴力，不是某些負面影響或惡習等原因造成。它是人具有的內在力量，其強烈程度和堅定程度絲毫不遜於人想要活下去的願望。它之所以如此堅定，正因為它是對生命殘缺的激烈反抗。人之所以有訴諸摧毀型暴力和施虐型暴力的潛在可能性，是因為他是人，因為他不是物，也因為倘若他無法創造生命他就必須摧毀它。古羅馬競技場是施虐癖最重要的象徵：在那裡，成千上萬軟弱無能的人看著人被野獸吞食或互相殘殺，從中獲得無與倫比的快感。

上述的思索還可以讓我們得出其他的結論。補償型暴力是不曾真正活過的生命和殘缺的生命所導致，而且是必然結果。它有可能會被懼怕懲罰的心理所壓抑，甚至可能會因為各種奇觀和消遣[6]而轉移。然而，它仍然具有充分的潛力，一旦壓制它的力量有所減弱便會顯露出來。治療補償型暴力的唯一方法是發展人的創造性

6 譯註：例如上述的競技場殺戮表演。

潛力，發展他運用人類特有的力量從事創造性活動的能力。只有當他不再殘缺，他才會停止扮演毀滅者和施虐者；也只有能讓人對生命產生興趣的環境，才會消除那些為人類古今歷史都帶來恥辱的衝動。補償型暴力不同於為生命服務的反應型暴力。它是用來代替生命的病態替代品，揭示當事人生命的殘缺和空洞。然而，它對生命的否定卻恰恰證明了人需要的是活力而不是殘缺。

最後一種需要介紹的暴力類型，是原始的「嗜血型」暴力（archaic "blood thirst"）。它不是殘缺的人所使用的暴力，而是仍然完全被自然束縛的人的嗜血慾望。這種人把殺戮視為一種超越生命的方式，因為他害怕向前邁進，害怕成為一個完整的人（fully man）。這種人透過倒退回到前個體（pre-individual）的生命狀態，透過變得像動物，從而擺脫理性的包袱，以此尋求生命的答案。對這種人來說，血就是生命的本質：他流血是為了感受活力，感受強壯，感受獨一無二，感受高人一等。殺戮成了他為之心醉神迷的事，成了他在最原始的層次給予自己的極大肯定。反之，被殺是殺人之外唯一符合邏輯的選擇。這是原始意義的生命平衡：人要盡可能去殺人，而當他的生命被鮮血餵飽之後，他便準備好被他人殺害。這種意義的殺戮本質上不是對死亡的愛。它是個體在最深的退行層次（level of deepest regression）上對生命的肯定和超越。我們在一般人身上也看到這種對血的渴望：有時在他們的幻想或夢境裡看見，有時在他們嚴重精神疾病發作時看見，有時在他們謀殺別人時看見。在戰爭時期（不管是對外戰爭還是內戰），當承平時期社會規範的禁制被移除時，我們會在一小部分人身上看到這種嗜血衝動。我們在以殺人和被殺這兩極為主軸的原始社會裡也可以看到它。在阿茲特克人（Aztecs）的活人獻祭中，在蒙特內哥羅人（Montenegrin）[7]或科西嘉等地的仇殺中，在《舊約聖經》以血向上帝獻祭的記載中，我們一樣可看到它。

對殺戮之樂最生動的描述見於福婁拜的短篇小說〈行善聖人朱利安的傳奇〉（The Legend of St. Julian the Hospitaler）。[8]小說講述主角朱利安從出生之日起就

7 根據吉拉斯（Djilas）對蒙特內哥羅人的生活方式的描述，蒙特內哥羅人認為殺人是最讓人自豪和興奮的事。

8 New York: New American Library, 1964.

被預言將來會成為偉大征服者和聖人。他像正常孩子那樣長大，直到有一天，他發現殺戮能讓他興奮。在教堂參加彌撒時，他好幾次注意到有隻小老鼠從牆邊的洞裡竄出來。這令他很惱火，決心除掉牠。「於是，他關上門，在聖壇臺階上撒了蛋糕屑，手拿棍子，全神貫注地守在洞口。過了很久，一個粉紅色的小鼻子出現了，接著看見整隻老鼠。朱利安輕輕打了一下，然後驚嚇地看著那具不再動彈的小小屍體。一滴血滴在石板上。他用袖子飛快擦掉血跡，把老鼠拿去扔掉，之後絕口不提此事。」後來，他又掐死了一隻鳥，掐牠的時候，「鳥痛苦地扭動，朱利安的胸口突突直跳，內心充滿了野蠻而狂暴的喜悅。」他嘗到了流血帶來的極度興奮，從此癡迷於殺死動物而不可自拔。任憑多麼身強力壯或動作敏捷的動物都逃不出他的手掌心。殺戮是他對自己的最高肯定，是他超越所有生命的方法。有很多年的時間，殺死動物是他唯一的激情和興奮來源。晚上回家時，他「渾身上下沾滿鮮血和污泥，散發著野獸的氣息。他變得越來越像隻野獸了」。他幾乎就要達成變為一隻野獸的目標，但他身上的人性讓他最終仍辦不到。有一天，有個聲音告訴他，再這樣下去，他總有一天會殺掉自己的父母。驚恐之下，他離家出走，不再殺害動物，變成一名讓人聞風喪膽的知名將領，打了多次勝仗。一次大捷後，他得到一位美麗絕倫、溫柔可愛的女子作為賞賜。於是他結束戎馬生涯，與她安頓下來，期待過上無比幸福的生活。但是沒多久他便厭倦了，終日悶悶不樂。某天起，他再次開始打獵，卻有一股奇怪的力量總讓他的子彈射偏。「接著，所有他從前獵殺的動物一齊再現，繞著他圍成一個密不透風的圈，有些蹲著，有些直挺挺站著。困在圈中的朱利安嚇得僵住，一動也不敢動。」他決定回到妻子身邊，回城堡去。此時，他年邁的父母親已經來到家中，安睡在他妻子騰出來的主臥室裡，他卻誤以為那是妻子和她的情夫，一怒之下毫不留情地把兩人殺了。當他的退化達到極嚴重的程度時，發生了翻天覆地的變化。他變成一位聖人，把自己的餘生奉獻給窮人和病患，最後還為了給一個痲瘋病人溫暖而擁抱對方。「朱利安升上了廣袤的藍天，面見我主耶穌，主耶穌領著他進了天堂。」

福婁拜在小說裡描述了嗜血的本質：那是以最原始的形式表現出對生命的沉醉。因此，一個人一旦到達這個與生命發生聯繫的最原始層次時，他就能夠回返最高層次的發展，即透過他的人性來肯定生命。重要的是，正如我前面所指出的，這種對殺戮的渴望和對死亡的愛不是同一回事（第三章會談論後者）。在嗜血型暴力中，血被視為生命的本質；流他人的血是為了用大地之母所需的養分來灌溉她，她需要血來變得豐饒肥沃（可以比較阿茲特克人相信流血是讓宇宙繼續運轉的必要條件，以及該隱與亞伯故事之間的差異）。即使流的是自己的血，這個人一樣灌溉了大地之母，並與她融為一體。

在這種退行層次上，血似乎被等同於精子，大地則被等同於繁衍後代的人類女性。精子和卵子分別代表男女，只有當男性成為地球的主宰，當女性成為男性的欲和愛的對象[9]，這種兩極性才具有核心重要性。流血止於死亡，流精止於誕生，但前者的目標就像後者，是要肯定生命，儘管它所肯定的生命幾乎沒有高於動物生命的層次。一個殺人者（killer）如果能充分誕生為人，如果他能夠斬斷他與大地的連結和克服自己的自戀，那他就可以變成一個愛人者（lover）。然而不可否認的是，倘若他做不到這些，那麼他的自戀和原始固著（archaic fixation）就會把他困在極為接近死亡路途的生活方式，讓人很難分辨他是嗜血者，還是死亡的熱愛者。

9 當《聖經》告訴我們上帝創造夏娃是為了讓亞當有一個「能幫忙的伴侶」（helpmate）時，就是在指出女性的這項新功用。

第三章

衰敗症候群討論（一）：愛死亡和愛生命

很多人同時存在愛生傾向和戀屍傾向，
以不同的比例混合在一起。
所以重點不在這兩種傾向的有無，
而在它們何者更強，可對一個人的行為發揮決定性作用。

上一章我們討論了暴力和攻擊性的幾種類型，有鑑於它們都是（或看似如此）直接或間接地為生命服務，因此或多或少可以被視為良性類型的暴力。在本章和其後幾章，我們將要探討各種反對生命的傾向，它們構成了重度精神疾病的核心，並且可說是惡的真正本質所在。我們將討論三種不同的取向：戀屍癖、自戀和對母親的共生固著（symbiotic fixation）。

我將說明，這三種取向都有其良性型態，它們造成的影響可能微弱得不足以讓它們構成病態。不過，我們的重心是放在這三種取向的各種惡性形式，當它們最嚴重的形式彼此交匯融合，就會形成「衰敗症候群」。這種症候群表現出惡的精髓，同時也是最嚴重的病態現象，是最惡劣的破壞性和非人性（inhumanity）的根源所在。

關於戀屍癖的核心問題，我想不出有比西班牙哲學家烏納穆諾（Miguel de Unamuno）的簡短聲明更一針見血的說法。一九三六年西班牙內戰剛開始時，烏納穆諾是薩拉曼卡大學（University of Salamanca）校長。西班牙納粹頭目阿斯特賴（Millán Astray）在那一年的開學典禮上發表演講。這位將軍喜歡喊的口號是「死亡萬歲！」他演講時，他的一位信徒從禮堂後方喊出這句口號。等將軍演講結束後，烏納穆諾站起來說：

剛才我聽到一聲戀屍癖般、無知的呼喊：「死亡萬歲！」而我這個一輩子都在製造矛盾引起他人憤怒的人，現在必須以權威的身分告訴各位，「死亡萬歲！」這句古怪的矛盾言論讓我反感。阿斯特賴將軍是個殘缺者。讓我們把這句話明明白白說出來、不加任何掩飾。他是一個戰爭傷殘者。塞萬提斯也是如此。不幸的是，西班牙現在有太多的殘缺者。如果上帝不來幫助我們，殘缺者將會更多。想到阿斯特賴將軍竟然支配了大眾心理，我感到很痛苦。一個沒有塞萬提斯偉大精神的殘缺者會很容易向不祥的事物尋求援助，這樣就會讓他身旁圍滿了殘缺的事物。

這時，阿斯特賴已無法控制自己，大聲喊道：「打倒知識分子！死亡萬歲！」長槍黨的人馬上熱烈回應。但烏納穆諾不理會，繼續說下去：

這裡是知識的廟堂，而我是它的大祭司。你褻瀆了這廟堂的神聖場域。你會得勝，是因為你擁有夠多的蠻橫武力。但你不能使人心悅誠服。因為要使人心悅誠服，你必須說服他們。而為了說服他們，你必須具備你所沒有的能力：在鬥爭中的理性和正義。我想，要勸你為西班牙著想是徒然。我的話說完了。[1]

烏納穆諾在談到「死亡萬歲」這個口號的戀屍癖特徵時，觸及了惡的問題的核心。在心理和道德層面，沒有更根本的對立會大於愛死亡和愛生命的對立，會大於戀屍癖者與愛生者的對立。這並不表示一個人不是完全的戀屍癖者就是完全的愛生者。有些人死心塌地把自己奉獻給死亡，他們是精神失常者。還有一些人無保留地

1 摘自H. Thomas, *The Spanish Civil War* (New York: Harper & Row, 1961), pp. 354-55. Thomas quotes Unamuno's speech from L. Portillo's translation of this speech, published in *Horizon* and reprinted in Connolly, *The Golden Horizon*, pp, 397-409. 烏納穆諾事後遭居家軟禁，幾個月後逝世。

把自己奉獻給生命，讓我們認為他們實現了人類所能達到的最高目標，為之肅然起敬。但很多人同時存在愛生傾向和戀屍傾向，以不同的比例混合在一起。所以重點不在這兩種傾向的有無，而在它們何者更強，可對一個人的行為發揮決定性作用。

就其字面意思而言，「戀屍癖」是指「愛死人」（一如「愛生性」是指「愛生命」）。這個詞習慣性地被用來指一種性變態，即想擁有一具可供性交的（女性）屍體[2]，或是指想與一具死屍共處的病態渴望。然而常見的情況是，性變態只是某種傾向明晰露骨的外在表現，在很多人身上，這種傾向並沒有摻雜「性」的成分。烏納穆諾以「戀屍癖」一詞來形容阿斯特賴將軍的口號（「死亡萬歲！」），說明他對這一點看得非常清楚。他並不是說將軍沉迷於性變態，而是指將軍恨生命而愛死亡。

非常奇怪的是，雖然戀屍癖與佛洛伊德所說的肛門—施虐型性格（anal-sadistic character）都和死亡本能有關，但它作為一種普遍傾向，卻從未在精神分析文獻中被充分描述。這幾個概念之間的關聯，我將留待後文討論。接下來我要對戀屍癖者進行描述。

有戀屍癖傾向的人會被所有死氣沉沉的事物吸引，為之神往不已。這些事物包括死屍、腐爛的東西、排泄物和髒污等。戀屍癖者是那些熱中談論疾病、葬禮和死亡的人。只要可以大談死亡，他們就會一下子生龍活虎起來。一個純正戀屍癖的顯著例子是希特勒。他迷戀破壞，死亡的氣息對他來說是甜蜜的。在他所向披靡的時期，他看起來想要毀滅的只有被他視為敵人的人，但他在窮途末路時所發出的、象徵劫難的「諸神黃昏」指令卻顯示，他最大的渴望在於目睹一切被絕對摧毀，包括德國人民、他周遭的人和他自己都被毀滅。一份第一次世界大戰的報告顯示（內容雖未經證實卻很合道理），有個士兵曾看見希特勒站在一具腐爛的屍體前面凝視，狀若出神，久久不願離開。

戀屍癖者沉迷於過去，從不嚮往未來。他們的情感本質上是多愁善感的，換言之，他們只顧著回味昨日的感受（或是他們自以為有過的昨日感受）。他們冷淡

2 克拉夫特—拉賓（Krafft-Ebing）、赫斯費德（Hirschfeld）和其他人都曾舉出很多有這種渴望的病人的例子。

疏遠、冷漠無情，是「法律與秩序」的忠實信徒。他們的價值觀與正常人的價值觀恰恰相反：讓他們感到興奮和滿足的不是生命，而是死亡。

戀屍癖者的特徵表現在他對武力的態度。根據西蒙娜・韋伊（Simone Weil）的定義，武力是「把一個人變為一具屍體的力量」。正如性愛能創造生命，武力能毀掉生命。說到底，所有武力都是以殺戮的權力為基礎。我可能不會殺死某個人而只是剝奪他的自由，我也可能只是想羞辱他或者掠奪他的財產——可是不管我做什麼，這些舉動都是以我有殺人的能力和殺人的意願支撐。熱愛死亡的人必然熱愛武力。對他來說，人最偉大的成就不在賜予生命，而在毀掉生命。使用武力不是環境強加於他的短暫行動，而是一種生活方式。

這就解釋了為什麼戀屍癖者真切地迷戀武力。對愛生命的人來說，人的最基本兩極性是男與女的對立，但對戀屍癖者來說卻存在著另一種與此截然不同的兩極性，那就是手握生殺權的人和不具備這種權力的人之間的對立。對他來說，這世上只有兩種「性別」：有權有勢的人和無權無勢的人，殺人者和被殺者。他愛戀殺人者，鄙視被殺者。這裡所說的「愛戀殺人者」常常可以按字面來理解：戀屍癖者會覺得殺人者有性吸引力，把他們當作性幻想的對象，只是激烈程度不及上述的性變態，或食屍癖（necrophagia）的性變態（食死屍的欲望在戀屍癖者的夢境中並不少見）。我知道，有好些戀屍癖者都夢見自己跟老婦人或老男人性交，戀屍癖者對這些人的身體不感興趣，卻因為他們的力量和破壞性而感到恐懼或崇拜。

希特勒和史達林之類的人之所以擁有無與倫比的影響力，正是因為他們手握無限的生殺大權，也有殺人的意願。因此，他們為戀屍癖者所愛。至於其他人，很多都是害怕他們，但因為不願承認自身的害怕而選擇崇拜他們。還有很多人根本沒看到這些領導人身上的戀屍癖特質，將他們視為締造者、救世主和慈父。倘若這些戀屍癖領袖不把自己偽裝成締造者和保護者，那麼被他們吸引的那些人在數量上是不足以支撐他們的權力的，而那些厭惡他們的人則極有可能很快壯大到足以讓他們垮臺。

以有組織和有功能的方式生長乃是生命的特徵，反觀戀屍癖者卻是喜歡所有不會成長的事物，喜歡機械性的事物。戀屍癖者渴望將有機物變成無機物，以對待機械的態度對待生命，就像所有活生生的人都是死物。所有與生命有關的過程、情感和思想都被轉化成死物。真正重要的不是經驗而是記憶，不是存在而是擁有。戀屍癖者只有在占有某物的時候，如一朵花或一個人，才會與之產生關聯。因此，對他的占有物的威脅，就是對他本身的威脅。如果他失去占有物，他就失去了自己與世界的聯繫。這就是為什麼我們會發現，他有一種非常矛盾的反應，那就是即使失去生命意謂著他作為占有者的身分也將不復存在，他還是寧願失去生命也不願失去他的占有物。他喜歡掌控，為掌控而殺人。他對生命懷有巨大的恐懼，因為生命本質上就是混亂無序和難以掌控的。在「所羅門王斷案」的故事裡，那個謊稱自己是嬰兒母親的婦人是這種傾向的典型：她寧願分到半個死去的孩子，也不願看著一個活生生的孩子離開。對戀屍癖者來說，公正意謂著分配得宜，而他們願意為了他們所謂的公正斷送他人或自己的性命。「法律與秩序」是他們的神像，任何威脅「法律與秩序」的事物，都被視為對他們的至高價值極邪惡的攻擊。

戀屍癖者為黑暗和夜晚所吸引。在神話和詩裡，他被洞穴或海洋深處吸引，或者被刻畫成雙目失明。（易卜生戲劇《皮爾金》〔*Peer Gynt*〕中的山妖是個好例子，他們是盲的[3]，住在山洞裡，非常自戀，只看重自家釀造的，或自製的物品。）一切遠離或對立於生命的事物都會吸引他。他想要回到母親子宮的黑暗中，回到生命出現之前的無機世界或動物般存在。他本質上嚮往過去而不是未來，他對未來是憎惡和恐懼的。與此相關的是，他渴求確定性。然而，生命是永遠無法確定、永遠無法預知、永遠無法掌控的。為了使生命變得可控，必須把它轉化為死亡——事實上，死亡是生命中唯一確定的事。

戀屍傾向通常在夢境中暴露得最為徹底。這些夢涉及謀殺、鮮血、屍體、頭蓋骨、排泄物，有時還涉及人變成機器，或人像機器一樣行動。很多人偶爾會做這種夢，這並不意謂他們有戀屍癖傾向。戀屍癖者卻會頻繁做這種夢，有時同樣的夢境還會一再重覆。

我們通常可以根據外表和舉止辨識出有嚴重戀屍傾向的人。他待人冷漠，膚色晦如死灰，臉上常常掛著一副像是正在聞嗅某種臭味的表情（我們在希特勒的臉上可以清楚看到這種表情），凡事一板一眼、固執而迂腐。戀屍癖者的這一面，透

3　這裡的「盲」的象徵意義和「有真知灼見」截然不同。（「盲」有時會象徵「有真知灼見」）。

過納粹頭子艾希曼（Adolf Eichmann）展示在世人眼前。艾希曼迷戀官僚體制和死亡。他的最高價值是服從和保證組織的正常運作。他像運煤一樣把猶太人運往死亡集中營。在他的眼裡，猶太人根本不是人，所以他是否仇恨猶太人的問題是無關緊要的。

然而，有戀屍傾向的人絕不僅限於宗教裁判官、希特勒和艾希曼之流。世界上有好多人沒有機會也沒有權力殺人，但他們的戀屍癖會以其他方式——表面上看起來危害性較小的方式——表現出來。例如那些喜歡看見孩子生病、失敗和預言孩子未來黯淡無光的母親。她不會對孩子身上出現的可喜改變刮目相看，不會回應孩子的快樂，不會注意到孩子成長過程中的新變化。我們可能會發現，她的夢裡常常出現疾病、死亡、屍體和鮮血。雖然她不會以任何明顯的方式傷害孩子，卻可能會慢慢扼殺他的生之樂趣和對成長的信念，最終把自己的戀屍癖傳染給孩子。

很多時候，戀屍取向會和其他相反的取向發生衝突，讓當事人達到一種奇怪的平衡狀態。這類戀屍性格的突出例子之一是榮格（Carl Gustav Jung）。在他身故後出版的自傳中[4]，提供大量這方面的證據。他的夢境幾乎充斥著屍體、鮮血和殺戮。對於他的戀屍癖如何在現實生活中展現，我只提以下這件事：當榮格在博林根（Bollingen）的房子動工建造時，挖出了一具法國士兵的屍體，是一百五十年前拿破崙入侵瑞士時期死亡的。榮格為屍體拍了照片，掛在房子的牆上。然後，他埋葬屍體，對墳墓鳴三聲槍響作為軍禮。他的這一舉動除了有點怪異之外看起來並無深意。然而，很多「看起來並無深意」的行為恰恰可以更清楚地顯示當事人潛藏的性格取向。佛洛伊德在很多年前就注意到榮格的愛死亡傾向。當他和榮格一同前往美國時，榮格在船上大談在漢堡附近的沼澤裡發現了保存完好的史前屍體。佛洛伊德不喜歡這種話題，他告訴榮格，他談那麼多關於屍體的事是因為他無意識地希望他（佛洛伊德）早日死掉。榮格氣急敗壞地加以否認，但多年以後（他與佛洛伊德分道揚鑣的前後），他做了以下這個夢：他覺得自己（與一位同行的黑人土著）不得不殺死一個叫齊格菲的人。他帶著一把來福槍出門，在齊格菲出現於一座山的山頂

4 C. G. Jung, *Memories, Dreams, Reflections*, ed. by Aniéla Jaffé, New York: Pantheon Books, 1963. 參見我在一九六三年九月號的《科學美國人》（*Scientific American*）對此書的討論。

時射殺了對方。然後他驚惶失措，唯恐這樁罪行被人發現。所幸突然下起一陣大雨，把所有犯罪的痕跡沖刷得乾乾淨淨。榮格醒來後，覺得自己非要釐清這個夢是什麼意思不可，否則就必須殺死自己。幾番細想之後，他得到這樣的「理解」：殺死齊格菲意謂著殺死他自己內心的英雄，因此是在表達自己的謙遜。把「西格蒙德」（Sigmund）稍微改為「齊格菲」（Siegfried）[5]便足以讓一個以分析夢境為專業的人向自己隱藏這個夢的真義。如果我們問如何可能做到這麼強烈的壓抑，答案就是，這個夢展現了榮格的戀屍癖，因為這種傾向受到強烈的壓抑，連他也無法承受意識到這個夢的真義的代價。它與發生在榮格身上的下列情況相吻合：他沉迷於過去而非現在或未來；他最喜愛的材質是石頭；他幼年時期幻想上帝把一大坨糞便砸在教堂上，將其砸毀。除此之外，他對希特勒的同情和他的種族理論，也表現出他和熱愛死亡者的雷同之處。

然而，榮格又是一個極具創造力的人，而創造力與戀屍癖恰好對立。透過平衡他的破壞能力與醫治能力，透過把他對過去、死亡和毀滅的興趣變成他卓越思辨的題材，他成功地解決了自身的內心衝突。

以上對戀屍癖的描述，可能會讓讀者以為，我提到的所有特徵都必然會在戀屍癖者身上找到。沒錯，這些各自不同的特徵，如殺戮的欲望、對武力的崇拜、深受死亡和髒污的吸引、施虐癖，和意欲用「秩序」來把有機體轉化為無機體的願望等等，都是同一種基本傾向的組成元素。然而就不同的個人而言，這些特徵的強度存在著相當大的差異。我們提到的某種特徵可能在甲身上比在乙身上明顯得多。此外，戀屍癖與愛生性的對比程度、個人對戀屍癖的自覺程度和合理化程度，都是因人而異。即便如此，戀屍癖這個概念絕不是各種行為傾向的抽象概念或總結。戀屍癖是一種基本傾向，它是對生命的一種回應，一種與生命本身完全對立的回應。在人類所能擁有的各種生命取向中，它是最病態、最危險的一種。它是真正的變態：一個人雖然活著，但生命非其所愛，死亡才是；成長非其所愛，毀滅才是。戀屍癖者如果能自覺到自己的生命取向，他的人生座右銘將會是：「死亡萬歲！」

戀屍取向的對立面是愛生取向。與熱愛死亡大相逕庭，愛生取向的本質是熱

5 譯註：指這個夢中的齊格菲其實是指佛洛伊德。佛洛伊德全名西格蒙德·佛洛伊德。

愛生命。就像戀屍癖一樣，愛生性並非由單一特徵構成，而是一種整體取向，是一整套存在（生存）方式。它展現在人的身體發育過程、情感、思想和體態、動作之中——愛生取向會在一個人的各種層面呈現。這種取向最基本的表現，是一切生命體都有求生欲。與佛洛伊德所說的「死亡本能」相比，我更認同很多生物學家和哲學家提出的這項主張：想要活下去、保全自身存在的欲望，是一切生命體與生俱來的特性。正如史賓諾莎所言：「每一個自在的事物莫不努力保持其存在。」這種竭力保持自身存在的努力，他稱為「事物的現實本質」。

我們在周圍一切有生命的事物都可以看到愛生取向：從岩石罅隙中鑽出來汲取陽光雨露以便存活下去的野草，到為逃一死而抵抗到底的動物，再到為求活命幾乎無所不用其極的人類。

保存生命和對抗死亡的傾向是愛生取向的最基本形式，也是一切生命體所共有。就它是一種保存生命和對抗死亡的傾向而言，它代表的只是向生驅力（drive toward life）的層面之一。向生驅力的另一個層面更具積極意義：生命體具有彼此整合和統一的傾向，傾向於融合跟它相異和相反的各種實體，並且以一種結構化的方式成長。統一和整合式成長是所有生命過程的典型特徵，不只細胞是如此，情感和思維也是如此。

細胞之間和生物之間的融合，是愛生取向最基本的表現：從無性繁殖的細胞融合，到人、動物有性繁殖的精卵結合，莫不如此。男女兩極性構成了融合需要的核心，而兩性融合是人類物種賴以存續之所繫。看起來正是出於這個原因，大自然為人類的兩性結合提供了無與倫比的快感。從生物學角度來講，這種融合的結果通常是創造一個新的生命。生命的循環是結合、新生和成長，一如死亡的循環是成長終止、瓦解和衰敗。

但是，就算性本能在生物的層面上有利於生命，不見得會在心理層面上表達愛生性。看來幾乎沒有一種強烈的情感不受性本能所吸引、與之交融。虛榮心、財富欲、冒險欲，甚至對死亡的愛戀，都能驅使性本能為之效勞。為什麼會這樣，我們只能用猜的。我們可能會禁不住認為，是大自然的狡獪讓性本能有那麼大的可塑性，導致它會被任何一種強烈欲望（甚至是那些與生命矛盾的欲望）驅使。然而，不管原因是什麼，「性欲可能與毀滅欲結合」，這項事實幾乎可說是毋庸置疑的。

（佛洛伊德在有關「死亡本能」與「生存本能」結合的討論中，特別指出性欲與毀滅欲的結合會出現在施虐癖和受虐癖。）施虐癖、受虐癖、食屍癖和食糞癖都是變態，這不是因為它們背離了性行為的常規，恰恰是因為它們表現出一種基本的變態：融合生與死。[6]

全面展現的愛生性可以在創造性取向（productive orientation）中找到[7]。全心全意熱愛生命的人，會被生活的經歷與在各領域的成長過程所吸引。他會選擇建構而不是維持現狀。他擅於好奇，更樂意看到新事物，而不是從舊有事物中找到安全感。他更喜歡冒險的人生而不是確定性。他對待生命的態度是實事求是的，不是機械性的。他看見的是整體而非部分，是結構而非加總。他想以愛、理性和以身作則來塑造和影響他人，而不是借助武力、把事物切割得四分五裂，或耍官僚作風，把人當成死物對待。他不光是貪圖興奮，也享受生命和生命所有的表現形式。

愛生倫理學（biophilic ethics）有其自身的善惡原則。凡是服務於生命的事物皆是善，凡是服務於死亡的事物皆是惡。善是敬畏生命[8]，是敬畏所有會擴大生命、會成長、會展開的事物。惡是一切扼殺生命，縮減生命，使其支離破碎的事物。喜悅是善的，憂愁是惡的。從愛生倫理學的角度來看，《聖經》規定了希伯來人最主要的罪：「因為你富有的時候，不歡心樂意地侍奉耶和華你的神。」（《申命記》28：47）愛生者的良知不會強迫他行善離惡。它不是佛洛伊德所說的「超我」（superego）——「超我」是奉美德之名對一己施虐的嚴苛監工。愛生者的良知是因為受到生命和喜樂的吸引而發揮作用，而人的道德努力在於加強自己熱愛生活的一面。正因為如此，愛生者不會久久地沉浸在懊悔和內疚的情緒裡，畢竟，懊悔和內疚只是自我憎惡和悲傷情緒的一部分。他會很快轉向生命，試著助人行善。史賓諾莎的《倫理學》就是愛生道德觀的突出例子。他說：「快樂本身並不是惡，而是善；反之，痛苦本身是惡。」本著同樣的精神，他又說：「自由的人絕少想到死。他的智慧是沉思生而不是沉思死。」對生命的愛貫穿各家各派的人本主義哲學。這

6 有許多把潔淨之物（生命）與不潔之物（死亡）區分開的儀式，可見避免這種變態有多麼重要。

7 有關創造性人格，參見拙著《自我的追尋》。

8 這是史懷哲（Albert Schweitzer）的主要論點，他是體現生命之愛的偉大代表性人物之一，其論著如此，其人亦如是。

些哲學思想有著各式各樣的概念形式，但都與史賓諾莎的思想一脈相承。他們共同表達了這樣的原則：精神健全的人熱愛生命；悲傷是惡，喜悅是善；人的目標是受到一切有生命之物的吸引，並使自己遠離一切死的和機械性之物。

我在上文努力描繪純粹形式的戀屍取向和愛生取向。當然，這些純粹形式是極罕見的。純粹的戀屍者是瘋子，純粹的愛生者是聖人。大多數人都是戀屍取向和愛生取向某種比例的結合，重點在於兩種取向中何者占據主導地位。那些戀屍取向在內心占主導地位的人會慢慢失去愛生的一面；他們通常意識不到他們的愛死亡取向；他們的心腸會變硬；他們在行為上會表現出，他們之所以愛死亡，是對他們的經歷合情合理的反應。反之，如果是愛生性在內心占主導地位的人，當他們發現自己離「死蔭的幽谷」僅咫尺之遙時，會大為震驚。這種震驚有可能會讓他們被震醒，從此一心向著生命。因此，除了知道一個人內心的戀屍取向有多強烈以外，知道他對自己的這種取向有多自覺同樣非常重要。倘若他相信自己身居於生命之地，而實際上卻是居於死亡之境，那麼他將會迷失通向生命之途，因為他已經沒有回頭的機會了。

上述有關戀屍癖和愛生性的描述引出了另一個問題，即這兩個概念跟佛洛伊德所說的「生存本能」（又稱愛洛斯〔Eros〕）和「死亡本能」有什麼關係。二者的相似之處顯而易見。佛洛伊德會暫且提出這兩種驅力同時存在於人的內心，是因為受到人類破壞性的強度震撼，特別是受到第一次世界大戰的震撼。在此之前，他認為性本能與自我本能雖然是對立的，但兩者都是為生存的目的服務，但現在，他卻改為主張求生和求死兩種欲望都是固存在生命的基質中。在《超越快樂原則》（*Beyond the Pleasure Principle*, 1920）一書中，佛洛伊德提出以下觀點：有一種在演化上比快樂原則更古老的原則存在，他稱之為「強迫性重複」（repetition compulsion）。這原則致力於恢復生命更早前的狀態，務求把有機生命帶回到無機的原初狀態。佛洛伊德說：「假設生命是在遙遠得無法想像的過去，以一種難以想像的方式從無生命的物質中誕生，那麼，根據我們的假設，一種本能必然已經在那個時候出現，其目標是廢除生命，重新確立事物的無機狀態。如果我們根據自己的假設，承認這種本能中有著自我毀滅的衝動的話，那麼我們就可以將這種衝動視為死亡本能的表現，而這種本能在生命的任何過程中都不會消失。」[9]

我們也許可以實際觀察到，死亡本能要麼向外指向別人，要麼向內指向自己，而且常常與性本能融合（在施虐癖性變態和受虐性變態便是這種情形）。與死亡本能對立的，是生存本能。死亡本能（有些精神分析文獻稱之為「塔納托斯」〔Thanatos〕，但佛洛伊德並不用這個詞）具有使事物分裂和解體的功能，「愛洛斯」則具有讓有機體與有機體結合，以及讓有機體內細胞彼此結合的功能。如此一來，每個個體的生命都是這兩種基本本能較量的戰場：「生存本能致力於把有機物質結合為更大的統一體」，而死亡本能的努力方向恰恰在破壞「愛洛斯」試圖實現的目標。

佛洛伊德是抱著猶豫和姑且一試的態度提出這項新理論的。這並不奇怪，因為它是建立在「強迫性重複」這項假設的基礎之上，而「強迫性重複」只是個未得到證實的猜測。事實上，支持這組概念的意見，無一能回應基於臨床資料而生的反對意見。大多數生物看來都有著為生存而戰的驚人韌性，只有少數例外傾向於毀滅自己。再者，每個人表現的破壞性也大不相同，而且，這種差異絕不僅限於死亡本能所表現出來的對外或對內之別。我們看到有些人對毀滅他人充滿激情，但大多數人並沒有表現出如此強烈的毀滅性。但是，對他人的這種較低程度的破壞行為並不意味著相對應的自我毀滅、受虐狂或疾病程度更高。[10]考慮到對佛洛伊德理論的所有這些反對意見，一大批在其他方面屬於正統派的精神分析學家（例如費尼謝爾〔Otto Fenichel〕）拒絕接受他的死亡本能理論，或者只是有條件地加上許多但書才願意接受，也就不令人意外了。

我建議，我們可以沿著以下方向發展佛洛伊德的理論。首先，承認「愛洛斯」與毀滅性的矛盾（即親生命與親死亡傾向之間的矛盾），確實是人身上最基本的矛盾。但是，這種雙重性不是生物學意義上的固有本能，不是相對恆定不變、且總是互相戰鬥直到死亡本能取得最後的勝利，而是生命最根本的傾向（致力於保存生命[11]）與其對立面的矛盾，死亡本能會在最根本的傾向未能實現時出現。這種觀點認為，「死亡本能」是一種惡性現象，它不斷發展，並且逐漸壯大至生存本能無法展

---

9 S. Freud, *New Introductory Lectures on Psycho-Analysis* (New York: W. W. Norton Co., 1933).

10 詳見拙著《健全的社會》第一章中對自殺與殺人的數據的討論。

開的程度。死亡本能代表的是心理病態，而非如佛洛伊德所說是正常生物機能的一部分。如此一來，生存本能構成人的基本潛能，而死亡本能則是一種從屬性的潛能。[12]當外在環境相宜，基本潛能就會得到發展，就像種子會在溼度、溫度等條件適宜時生根發芽一樣。如果不具備適宜的條件，戀屍傾向就會冒出來，宰制當事人。

哪些環境會導致戀屍癖的形成呢？根據佛洛伊德的理論，我們會預期求生的力量和死亡本能恆常不變，就死亡本能而言，只有對外和對內的分別。因此，環境因素只能解釋死亡本能所採取的方向，而不能左右其強度。然而，如果以我提出的假設為依據，我們就應問以下的問題：通常情況下，是哪些因素促使戀屍取向和愛生取向發展？問得更具體就是，是哪些因素導致特定個體或群體的愛死亡傾向增強或減弱？

對於這個重要問題，我沒有充分的答案。依我所見，在這方面進行進一步的研究極為重要。不過基於我在精神分析方面的臨床經驗，還有我對群體行為的觀察與分析，我會試著提一些初步的看法。

兒童能發展出對生命的愛，最重要的原因在於他與愛生命的人生活在一起。就像對死亡的愛一樣，對生命的愛具有感染性，不需要言語，不需要解釋，當然更不需要任何說教來傳達。對生命的愛更多是表現在表情、手勢，而不是觀念上；更多是表現在語氣而不是言詞裡。對生命的愛可以見於一個人或一個群體的整體氛圍，而不是見於他們賴以組織生活的明確原則或規則。在促進個體愛生性的必要條件方面，我將論及以下幾點：孩提時期與他人有溫暖與愛的互動；享有自由而未受到威嚇；獲得有助於促進內心和諧與力量的教導（得自身教而非言教）；接受過「生活的藝術」方面的指引；得到他人的激發性影響和作出回應；以真正有趣的方式過生活。與此截然相反的因素則會促進戀屍癖的發展，包括：身處在愛死亡的人

11 有反對佛洛伊德觀點的論者認為，倘若死亡本能如此強烈，那麼人通常會傾向於自殺。佛洛伊德對此提出的解釋是：「有機體希望以它自己的方式死亡。如此一來，就出現了弔詭的情況：活的有機體會竭力對抗對某些可能會助其迅速達致生命的目標（類似短路）的事件（即危險）。」（《超越快樂原則》，頁五十一）

12 有關毀滅性概念，還有基本潛能與從屬潛能二者的區分，參見我在《自我的追尋》第五章第一節的分析。

之中長大；缺乏有益的刺激；心中懷有恐懼；身處單調、無趣的環境；身處機械性的秩序，而非由人與人之間直接的人際關係決定的秩序。

至於有益愛生性發展的社會因素，明顯恰好就是上述那些有利於個體發展的因素。不過，我們仍然可能進一步分析這些社會因素。但下文將提到的，只是為這種分析開個頭，談不上窮盡。

應該在這裡提及最明顯的、有益愛生性發展的社會因素，大概就是經濟和心理上的富足或稀缺。只要人的大部分精力都用於抵禦攻擊或對抗飢餓，那麼他對生命的愛必定會受到抑制，戀屍癖必然會受到加強。另一個有利於發展愛生性的重要社會因素，是廢除不公正。我這裡所說的不公正，不是指每個人擁有的東西不完全一樣多，而是指一個社會階層剝削另一個社會階層，將某些條件或限制強加於後者，使其無法過富足和有尊嚴的生活，換句話說，是某個社會階層不被允許與其他人共同享有同樣的基本生活體驗。歸根究柢，我所說的不公正是指以下這種社會處境：人不是他自身的目的（end），而是淪為實現他人目的的手段（mean）。

最後，有益愛生性發展的一個重要社會條件是自由。但擺脫政治桎梏的「自由」不是充分的自由。對生命的愛要得到發展，一個人必須擁有「去做」的自由：創造、建設、懷疑和冒險的自由。這樣的自由要求個人積極和有責任心，不是奴隸或機器上的齒輪。

總而言之，當一個社會具備以下條件時，對生命的愛將會得到最充分的發展：安全，指維持有尊嚴生活的基本物質條件不受短缺的威脅；公正，指沒有人淪為達成他人目的的手段；自由，指每個人都有可能成為積極和有責任心的社會成員。最後一點尤其重要。即使一個社會具備安全和公正，但倘若個人的創造性自我活動（creative self-activity）得不到推進，這個社會也可能不會發展出對生命的熱愛。光是不讓人成為奴隸是不夠的，因為如果社會環境會把人推向機器人般的存在，帶來的將不會是愛生命之愛，而是愛死亡之愛。關於這最後一點，下文在談及核子時代的戀屍癖時（特別是跟官僚化社會組織的問題相關的戀屍癖時），將會有更多討論。

我已經努力顯示，愛生性和戀屍癖這兩個概念，與佛洛伊德的生存本能和死亡本能概念有關但又有所不同。這兩個概念還與佛洛伊德早期的力比多（libido，性本能）理論中，另一組非常重要的概念相關：「肛門力比多」和「肛門性格」。一九〇九年，佛洛伊德在〈性格與肛欲〉（*Charakter und Analerotic*）一文中發表了他最基本的發現之一。[13]他寫道：

> 下面我要描述的這類人，通常明顯同時具有以下三種性格特質。他們特別講條理、吝嗇和固執。這三個詞各自實際上都包含一小群或一連串互相關聯的性格特徵。「講條理」涵蓋著身體潔淨的觀念，以及履行小型義務和保持誠信的責任感。它的反面是「不整潔」和「疏忽怠責」。吝嗇可能透過誇張的貪婪形式表現出來，而固執可能轉變成違抗，其中又容易摻入憤怒和報復。吝嗇和固執彼此關聯的程度，比它們跟講條理的關聯程度要更為緊密，而它們也是整個組合中較恆定存在的元素。不過，在我看來，無庸置疑的是，三者在某種程度上仍然是一體的。

佛洛伊德繼而提出：「在原本具有肛門性欲的人身上，通常明顯看到講條理、吝嗇和固執這些性格特質，它們可以被視為肛欲的昇華之最初和最常見的結果。」佛洛伊德和後來的其他精神分析學家指出，吝嗇的其他形式並不涉及排泄物，而是涉及金錢、髒污、財產，以及擁有對生命無用之物。而且，「肛門性格」常常顯示出施虐癖和破壞欲的特徵。精神分析研究已經以豐富的臨床證據證明佛洛伊德的發現正確有效，只不過對「肛門性格」——我自己稱之為「囤積性格」（hoarding character）——的理論解釋有著意見上的分歧。如同他的力比多理論，佛洛伊德假定，為肛門力比多及其昇華提供動力的能量與性感帶（erogenous zone）有關（這裡的性感帶是肛門），並且因為個人天生體質上的原因，加上在如廁訓練過程中的個人經歷，這種肛門力比多在一般人身上要較為強烈。對佛洛伊德的這一觀點，我持不同意見，因為我認為沒有足夠的證據可以假定，作為性力比多的部分驅力，肛門力比多就是肛門性格發展的動力基礎。

從我個人對肛門性格的研究，我認為我們這裡討論的人之所以對排泄物深感

13 Sigmund Freud (Standard Edition; London: Hogarth Press, 1959) , Vol. IX.

興趣，是出於他們對死氣沉沉之物的喜好。排泄物是最終會排出體外的東西，它對身體再無用處。肛門性格的人之所以會被排泄物吸引，就如同他們會被一切對生命無用之物所吸引，例如髒污、毫無用處的東西，和純粹作為擁有物而非生產和消費手段的財產。至於是什麼因素導致一個人會受死氣沉沉之物所吸引，仍有待進一步的研究。我們有理由假定，除了個人體質以外，父母性格（特別是母親的性格）也是一個重要因素。如果母親執意進行嚴格的如廁訓練，並對孩子的排泄過程表現出不恰當的興趣，那麼這位母親便具有強烈的肛門性格（即她對無生命之物和死物懷有濃厚的興趣），而且她會影響孩子，讓孩子發展出同樣的傾向。與此同時，她的生命也會缺乏喜樂；她無法令人感到振奮，而是讓人有麻木遲鈍的感覺。她的焦慮往往會導致孩子對生命感到畏懼，並被死氣沉沉之物吸引。換言之，影響肛門力比多並因而導致肛門性格形成的，並不是如廁訓練本身，而是其母親的性格。這位母親因為恐懼生命或憎恨生命，把興趣投向排泄過程，並以各種方式把孩子的能量導向於熱中占有和囤積的方向。

從這番描述，我們很容易發現佛洛伊德所說的肛門性格，與前文所描述的戀屍癖性格表現出極大的相似性。事實上，就它們對無生命之物和死物的興趣和喜愛來看，二者性質非常相似。唯一的不同之處，在於喜愛的強度有分別。我認為，戀屍癖性格是惡性形式的性格結構，而佛洛伊德的「肛門性格」是良性形式的性格結構。這就意謂著，在肛門性格和戀屍癖性格之間沒有涇渭分明的分界線，所以要判斷個案屬於前者還是後者，很多時候非常困難。

戀屍癖性格這個概念，讓佛洛伊德基於力比多理論而提出的「肛門性格」，與他推論出死亡本能概念的純生物學思辨形成某種關聯。同樣的，愛生性性格的概念，也可以讓佛洛伊德的「性徵性性格」（genital character）概念和他的生存本能概念形成關聯。這是打通佛洛伊德早期和後期理論的第一步，而我們希望進一步的研究會讓兩者更加融會貫通。

回到助長戀屍癖的社會因素，我想討論以下問題：戀屍癖與現代工業社會的精神之間有什麼關係？此外，戀屍與對生命漠然的態度，對發動核子戰爭有何意義？

我不會全面探討引發現代戰爭的一切因素，這些因素很多不僅在從前的戰爭發揮作用，也會在核子戰爭發揮作用。我只想談一個和核子戰爭有關、極其重要的心理問題。不管從前人們用來合理化戰爭的理由是什麼（抵禦攻擊也好，爭取經濟利益也好，爭取解放也好，贏取榮耀也好，捍衛某種生活方式也好），這些理由對核子戰爭而言都站不住腳。核戰一旦爆發，「最好」的情況是一個國家的半數人口在短短幾小時之內灰飛煙滅，所有的文化設施被催毀，之後留下一個原始野蠻的人間地獄，讓倖存者只會羨慕已經死去的人。這種時候，什麼抵禦、利益、解放和榮耀都無從談起。14

為什麼即使會如此慘烈，各國還堅持不懈地為核子戰爭做準備，而且不見有更大規模的抗議行動？我們要如何理解，為什麼沒有更多有兒孫的人站出來抗議？為什麼人類明明可以過上美好的生活，卻認真地考慮毀滅一切？答案有很多15，但沒有一個答案能讓我們滿意，除非我們考慮到這一點：人們不怕全面性的毀滅是因為他們不愛生命，或是因為他們對生命是漠然的，甚至是因為他們當中很多人受到死亡的吸引。

這項假設似乎與我們的另一個假定互相矛盾：人人都熱愛生命而懼怕死亡。

另外，它看來也違背一個事實：我們的文化比歷來的任何文化都能夠為人提供更多的刺激和樂趣。這樣的話，我們便不能迴避以下的問題：文化所提供的許多刺激和樂趣，是否跟對生命的愛和生命所能帶來的喜樂相當不同？

為了回答這些問題，我必須回顧前文對愛生命取向和愛死亡取向所做的分析。生命會有結構地成長，就其本質而言是不可嚴格控制或預測的。在生命的領域，唯一能影響他人的只有生命的力量，例如愛、鼓勵和人物典範等。生命只能以個體的形式表現出來，例如表現在一個人、一隻鳥或一朵花上。沒有「大眾」的生命這回事，也沒有抽象的生命。我們今天對生命的態度越來越機械化。我們的主要目標是

14 有些根據以下理由而主張核子戰爭可接受的意見我無法接受：一、即便有六千萬美國人突然灰飛湮滅，仍然不會對我們的文明產生深遠和毀滅性的影響。二、即便核子戰爭已經啟動，各敵對勢力彼此之間仍然會留有一絲理性，這點理性會促使他們根據一系列規則進行核子戰爭，以避免全世界毀於一旦。

15 有個重要答案似乎顯示，大多數人都極度關切他們的個人生活，乃至為此而感到焦慮（雖然大多是無意識的）。人總是奮力在社會階梯往上爬，無時不擔心失敗，這讓他們處於永久性的焦慮和壓力之中，忘記了威脅他們自身和世界的事情。

生產物品，而就在對物的盲目崇拜中，我們把自己轉化成為商品。人被當成一串數字來對待。問題不在人是否得到妥善對待（物同樣可以得到妥善對待）、是否營養充足，而在人到底是死物還是活物。人們對機械裝置的熱愛，勝過對生物的喜愛。在有關人的問題上，我們的思考方式是知性的，是抽象的。我們以對待物的方式對人產生興趣，對人類的共同特性感興趣，對群體行為的統計學規則感興趣，而不是對活生生的個體感興趣。這一切與日益盛行的官僚主義方法互相呼應。在巨大的生產中心、巨大的都市和巨大的國家中，對人的管理和對物的管理沒有兩樣：人和他們的管理者都被轉化成物，服從著物的法則。然而，人並不是天生要成為物的；倘若他成為物，他就毀了。在出現這種結局之前，他會絕望到不顧一切，想要殺死、毀滅一切生命。

在以官僚體制組織和集中起來的工業社會裡，人的愛好也受到操縱，使其按照可預測和有利可圖的方向極大化消費。人的智力和性格因為考試越來越重要而被標準化，這些考試專門選拔平庸和缺乏冒險精神之輩，不是選拔具有原創性和勇敢大膽的人。確實，在歐洲和北美大行其道的官僚主義工業文明已經創造出一種新型人類，我們可以稱之為組織人（organization man）、自動人（automaton man）或消費人（homo consumens）。這種人同時也是機器人（homo mechanicus），也就是深深著迷於一切機械的事物而不喜歡有生命之物的人。不錯，人的生物和生理裝備使他擁有強烈的性衝動，以致他即便成了機器人，也仍然有性欲，仍然會找女人。但毫無疑問的是，機器人對女人的興趣越來越弱。《紐約客》雜誌上有幅漫畫非常風趣地說明了這一點：有個女銷售員為了向一位年輕女顧客推銷某種品牌的香水，這樣表示：「它聞起來就像一輛嶄新的跑車。」確實，今天任何男性行為的觀察家都會承認，這幅漫畫不只是一則高明的笑話。明顯的是，現在很多男性對跑車、電視機、收音機、太空旅行和任何科技小裝置的興趣都要大於對女人、愛情、大自然和食物。操控機械性的事物要比生命更讓他們興奮。因此，我們甚至可以這樣假設：對那些能在幾分鐘之內殺死幾千里外數百萬人的武器，機器人感到著迷和自豪的程度要大於對大規模殺戮的害怕和沮喪。機器人依然喜愛性愛和酒，但他是在機械之物和無生命之物的參考架構內追尋這些快感。他預期哪裡一定有一個按鈕，只要一按就會為他帶來快樂、愛情和快感（很多人去看精神分析師都是抱著對方能告訴他們哪裡可以找到這個按鈕的幻想）。他看待女人和看待一輛車的態度沒有分別：他知道該按哪些按鈕，享受擁有讓她「奔馳」的權力，始終是個冷眼旁觀者。機器人對操控機器的興趣越來越多於參與生命和對生命有感。因此，他會變得對生命漠然，著迷於機械事物，最終受到死亡和全面毀滅的吸引。

想想殺戮在我們的娛樂活動中扮演的角色吧。電影、連環漫畫和報紙讓人亢奮，因為它們盡是關於毀滅、施虐和暴行。千百萬人過著單調乏味卻又舒適安逸的生活，沒什麼比看到或讀到有人死亡更能令他們興奮——不管那是被謀殺而死，還是在賽車中意外喪生。這難道不是說明了人們對死亡的癡迷程度有多深嗎？又或者想想我們語言中的一些表述，如「刺激得要命」（thrilled to death）、「死都想」（dying to）做某件事[16]、「它殺了我」（it kills me）[17]等等。再想想居高不下的交通傷亡數字所反映出對生命漠然的態度。

簡而言之，當理智化、量化、抽象化、官僚體制化和物化這些現代工業社會的典型特徵被加諸於人的時候，它們就是機械學原則而不是生命的原則。活在這種制度下的人變得對生命漠不關心，甚至被死亡所吸引，但他們本身並不自知。他們把興奮激動當作生命的喜悅，並且因為自己擁有、使用很多東西，產生一種他們的生命充滿生氣的錯覺。人們沒有對生產核子武器提出抗議，原子科學家對核子戰爭爆發後，人類社會全面毀滅或半全面毀滅的得失淨值的討論，都表明我們距離「死蔭的幽谷」已有多近。

戀屍取向存在於所有的現代工業社會，儘管這些社會各有不同的政治結構。在這方面，蘇聯國家資本主義制度與公司資本主義制度之間的共同點，比兩者之間的差異來得更重要。這兩種制度都是採取官僚主義—機械主義的態度，都在為全面毀滅做準備。

對生命的戀屍性輕視，還有人們對速度和一切機械事物的崇拜，這兩者之間的密切關係直到近幾十年才變得顯而易見。但早在一九〇九年，馬利內蒂（Filippo Tommaso Marinetti）的〈未來主義宣言初篇〉（Initial Manifesto of Futurism）就曾看

---

16 譯註：指渴盼做某件事。

17 譯註：指被強烈的情緒籠罩，如很生氣、很痛苦或很喜歡。

出、並言簡意賅地表達這種情感：

一、我們要歌頌追求冒險的熱情，歌頌活力十足和橫衝直撞的行動。

二、英勇、無畏和叛逆將是詩歌的本質。

三、從古至今，文學一直讚美凝然不動、出神恍惚和睡眠。我們卻要讚美攻擊性行動、發燒般的失眠、競跑者的跨大步、翻跟斗、打耳光和揮拳頭。

四、我們宣告，世界的壯麗輝煌已因一種新的美麗更增光采：速度之美。如同一輛賽車，車身裝飾著巨大排氣管，像噴吐著爆炸氣息的蛇，轟鳴奔馳，比薩莫色雷斯的勝利女神更美麗。

五、我們要歌頌手握方向盤的人類，他用理想的操縱杆指揮地球沿正確軌道運行。

六、詩人必須揮霍他的狂熱、光采與慷慨，以膨脹原始的熱情。

七、離開鬥爭就不存在美。沒有攻擊性的作品不會是傑作。詩必須是對未知力量的猛烈攻擊，迫使它們向人匍伏。

八、我們穿過無數世紀走到了盡頭！倘若我們一心要打破那扇稱為「不可能」的神祕之門，為什麼要回頭看呢？時間和空間已死於昨日。我們已經活在絕對中，因為我們已經創造了永恆的、無所不在的速度。

九、我們要歌頌戰爭（淨化世界的唯一手段），歌頌軍國主義，歌頌愛國主義，歌頌無政府主義者的破壞姿態，歌頌值得為之而死的美麗理想，以及歌頌對女人的輕視。

十、我們要摧毀一切博物館、圖書館，要攻打道德主義、女性主義，和一切投機的、講究功利的懦弱。

十一、我們要歌頌因工作、娛樂和騷亂而興奮的偉大群眾；我們要歌頌現代城市中多種膚色、多種口音的革命潮；我們要歌頌兵工廠的夜間燈火和造船廠在強烈電力月亮照耀下的擾嚷；我們要歌頌貪婪吞食冒著煙、長蛇般的列車的火車站；我們要歌頌飄浮在自己噴出的煙霧上的工廠；我們要歌頌像體型壯碩的健身家般橫跨在河流上的大橋；我們要歌頌冒險航向地平線的蒸汽輪船；我們要歌頌奔馳在鐵軌上的火車頭，它們猶如套上鋼製韁繩的巨大鐵馬；我們要歌頌滑翔著的飛機，它們的螺旋槳像一面旗幟迎風呼嘯，又像熱情的人群在歡呼。[18]

有意思的是，馬利內蒂對技術和工業的戀屍性理解，與惠特曼（Walt Whitman）詩歌裡的愛生性理解形成鮮明對比。在〈穿越布魯克林渡口〉（Crossing Brooklyn Ferry）一詩結尾，惠特曼寫道：

> 繁榮吧，城市——帶上你們的貨物，帶上你們的炫耀，寬廣浩蕩的河流，
> 擴張吧，沒有什麼比你們更加崇高，
> 各守其位吧，沒有什麼比你們更加恆久。
> 你們曾經等待，你們總是在等待，你們這些沉默美麗的使者，
> 我們終於懷著自由的心情接受了你們，並且從此不會滿足。
> 你們也將不再阻止我們，或者對我們避而遠之。
> 我們物盡其用，不把你們拋在一旁——我們永遠把你們種在心上，

我們不揣測你們——我們愛你們——你們也至善至美。
你們為著永恆貢獻出你們的一份力量，
偉大或者渺小，你們向靈魂貢獻出你們的一份力量。

又例如在〈大道之歌〉（Song of the Open Road）結尾，惠特曼寫道：

夥伴啊，我把我的手給你！
我把我的愛給你，那比金錢還珍貴，
我把我自己給你，請牧師或法律為我作證；
你肯把你自己給我嗎？你肯和我攜手同行嗎？
我們可否一生相守，終身不渝？

18 Joshua C. Taylor, *Futurism*, Doubleday Co., 1909, p.124.

下面這句詩最一針見血地表明惠特曼對戀屍癖的摒棄：「活下去吧（啊，活著，要永遠地活著！），把死屍拋在背後。」

如果我們把馬利內蒂對工業的態度拿來與惠特曼的態度相比較，就能看出工業生產就其本身而言並不必然與生命的原則矛盾。關鍵在於，生命的原則究竟是被機械化原則支配，還是占據著主導地位？對下面的這個問題，我們的工業化世界顯然迄今還沒能找到答案：我們如何才能創造一種人本主義的工業主義，以對抗今日主宰著我們生命的官僚化工業主義？

第四章

衰敗症候群討論（二）：個人自戀與群體自戀

當自戀是良性且不超出某種界限時，
它是一種必要和有價值的取向。
而所有良性自戀具備的共同特徵，
即以透過自身的努力取得的成就作為自戀對象。

佛洛伊德最有成效、最意義深遠的發現之一，是他的自戀概念。佛洛伊德也自認這是他最重要的發現之一，並且用它來理解精神疾病（「自戀性精神官能症」）、愛、閹割恐懼、嫉妒、施虐癖等不同現象。還用它來理解群體現象，例如被壓迫的社會階層為何會對統治者保持忠誠。本章我想追隨佛洛伊德的思路，探討自戀在民族主義、民族仇恨、毀滅性和戰爭背後所發揮的作用。

我想順帶一提的是，自戀這個概念在榮格和阿德勒（Alfred Adler）的論著中幾乎不見蹤影，霍妮（Karen Horney）也沒有給予它本應得到的地位。即使是正統佛洛伊德派的理論和療法，自戀概念的運用很大程度上也僅限於嬰幼兒自戀和精神病患者的自戀。這十之八九是因為佛洛伊德把這個概念強行納入他的力比多理論架構中，導致無法充分表現出這個概念的豐富性。

佛洛伊德起初是想從力比多理論的角度來理解思覺失調症。因為思覺失調症患者似乎沒有表現出對任何事物的性欲關係（在現實和幻想中皆如此），於是佛洛伊德想到這個問題：「原本指向外物的力比多在思覺失調症中被撤回，這其中發生了什麼事？」[1] 他的答案是：「從外在世界撤回的力比多已經轉頭指向了自我

（ego），從而導致個體產生一種或許可以被稱為自戀的態度。」佛洛伊德認為，力比多一開始全部儲存在自我之中，就好比儲存在一個「大型蓄水池」之中，之後再延伸至外物。但它很容易撤回，重新歸入自我。這項觀點在一九二二年有所動搖。雖然佛洛伊德似乎從未完全放棄他早期的觀點，但他在這一年寫道：「我們必須認識到，本我（id）是力比多最大的蓄水池。」[2]

然而，力比多到底是源於自我還是源於本我這個問題，對自戀概念本身的意義並沒有實質重要性。佛洛伊德從未改變他的基本看法：人在嬰兒期的原初狀態是自戀的狀態（稱為「初級自戀」〔primary narcissism〕），此時他還沒有形成與外在世界的任何關係，之後，在孩童的正常發展過程中，他逐漸擴大和增強跟外在世界的關係（性欲關係）的範圍和強度。但在很多情況下（最嚴重的當數精神失常），他會把對外物的性欲依戀撤回，轉而指向自我（稱為「次級自戀」〔secondary narcissism〕）。但即便是正常發展，人在某種程度上終其一生都是自戀的。[3]

「正常人」的自戀是怎麼發展的呢？佛洛伊德勾勒了此發展的主要過程，以下是對其發現的簡要說明。

子宮中的胎兒仍然處於一種絕對自戀的狀態。佛洛伊德指出：「出生意謂著我們從一種絕對自足的自戀邁出一步，開始感知不斷變化的外在世界，開始發現各種物體。」[4]嬰兒需要幾個月時間才能意識到外物是外在的，屬於「非我」的部分。由於兒時的自戀遭受多次打擊，不斷增加對外在世界及其規律的了解（即對「必然性」的了解），人把原初的自戀發展為「客體之愛」（object love）。然而，佛洛伊德又指出：「人即使找到外在客體作為自己性欲的對象，他某種程度上仍然是自戀的。」[5]事實上，從佛洛伊德的角度來說，個人的發展可以被定義為從絕對自戀演化出客觀推理能力和愛客體能力的過程，但這種能力有明確的侷限性。一個「正常」、「成熟」的人，自戀會減少到社會可接受的程度，但永遠不會完全消失。日

1 Freud, *On Narcissism* (Standard Edition; London: Hogarth Press, 1959), Vol. XIV, p.74.
2 對這種發展的討論，見Freud, *Appendix B*, Standard Edition, Vol. XIX, p.63 ff.
3 Freud, *Totem and Taboo* (Standard Edition), Vol. XIII, pp.88-89.
4 Freud, *Group Psychology* (Standard Edition), Vol. XVIII, p.130.
5 Freud, *Totem and Taboo* (Standard Edition), Vol. XIII, p.88.

常生活的經驗證實了佛洛伊德的觀察。看來，在大多數人身上都可以找到一個自戀核心（narcissistic core），它無法被觸及，也抗拒任何將其消解的企圖。

除非具體描述自戀現象，否則不太熟悉佛洛伊德術語的人很難清楚體會自戀的性質和威力。我將在接下來幾頁提供這種描述，不過，在這之前，我先說明術語問題。

佛洛伊德對自戀的見解是以他的力比多概念為基礎。正如我在前文所說，事實證明，這種機械化的力比多概念更加妨礙，而不是促進自戀概念的進一步拓展。我相信，如果採用並不完全等同於性驅力能量的精神能量（psychic energy）概念，自戀概念得到圓滿發展的可能性將會大很多（榮格就這樣做了）。精神能量概念甚至在佛洛伊德的「去性欲化的力比多」（desexualized libido）概念中得到某種初步認可。然而，即使非性欲的（nonsexual）精神能量與佛洛伊德的力比多不是同一回事，仍然和力比多一樣是個能量概念。它所涉及的是有一定強度和特定方向的精神力量，只能透過各種外在表現才能被看到。這種能量連結和統一自己內在的個人（individual），也連結和統一與外在世界關係中的個人。佛洛伊德早期觀點認為，除了生存驅力，性本能能量（力比多）是人類行為唯一的重要動力。即便我們不同意這種說法，並轉而採用一般性的精神能量概念，力比多與精神能量兩者之間的區別也沒有固守教條的人以為的那麼大。

任何理論或療法能否被冠以「精神分析」之名，決定性因素在於它是否包含人類行為的動力學（dynamic）概念，意即是否假定行為是受到高強度力量的驅動，並假定我們只有理解這些力量才能理解和預測行為。這種人類行為的動力概念是佛洛伊德理論體系的核心。要如何從理論上安置這些力量——例如是要歸入機械主義—唯物主義哲學，還是歸入人本主義實在論——是個重要問題，但在解釋人類行為的動力學這個核心問題面前仍然居於次要。

讓我們從兩個極端例子開始描述自戀：新生兒的「初級自戀」和精神失常者的自戀。嬰兒尚未與外在世界建立聯繫（用佛洛伊德的術語來說，就是嬰兒的力比多尚未投注在外在世界）。換一種說法就是，對嬰兒來說，外在世界並不存在，這種「不存在」達到嬰兒無法區分「我」與「非我」的程度。我們或許還可以說，嬰兒對外在世界並不「感興趣」（interested, *inter-esse* 是 interested 的拉丁文字根，意思是「在其中」）。對嬰兒來說，唯一真實的存在是其自身：他的身體、他對冷暖的生理感受、口渴，還有對睡眠和身體接觸的需要。

精神失常者的情況與嬰兒並沒有本質上的區別。只不過對嬰兒來說，外在世界的真實性還有待浮現，而對精神失常者來說，外在世界的真實性已經終止。以精神失常者的幻覺為例，他們的感官已不再具備感受外界事物的功能，只會以感官回應外物來表達主觀經驗。偏執妄想症（paranoid delusion）也是同樣的機制在發揮作用。例如恐懼或猜疑原本屬於主觀情感，但偏執症患者卻會視之為客觀的存在，相信有人密謀對付自己。這正是偏執症與精神官能症的不同之處：後者可能常常害怕遭到仇恨、迫害等，但仍然明白那不過是他心裡的恐懼。但對偏執症患者來說，這種恐懼已經變成了客觀事實。

我們可以在到達權力巔峰的人身上，看到介乎神智正常和精神失常之間的自戀特例。古埃及法老、羅馬皇帝、波吉亞家族[6]、希特勒、史達林、特魯希略[7]——這些人顯示出某些共同特徵。他們手握絕對權力，他們可以決定一切（包括生與死），看似沒有什麼是辦不到的。他們是神，只受限於老、病和死。他們為超越人類的極限不顧一切，試圖以這種方式找到解決人類生命問題的終極方案。他們誇稱自己的欲力和權力無邊，因此他們和無數女人睡覺，殺害數不勝數的人，到處建造城堡，想要「摘下月亮」，想要辦到一切「不可能的事」。[8]即便這是試圖透過假裝自己是「非人類」來解決人類生命難題的嘗試，它仍是一種癲狂。這是一種在受折磨的人一生中會增長的瘋狂。一個人越想要變成神，就越孤立於整個人類；這種孤立讓他更加害怕，每個人都變成他的敵人。為了對抗內心由此而生的驚懼，他必須加強他的權力、他的冷酷無情和他的自戀。凱撒式瘋狂[9]沒有淪為明擺著的精神失常只有一個原因：凱撒運用權力去扭曲現實，以迎合自己的自戀幻想。他強迫所有人一致承認他就是神，是世上最強大和最有智慧的人，如此一來，他的自大

6　譯註：波吉亞家族（Borgias），文藝復興時期義大利惡名昭彰的貴族之家，史書稱該家族為人類歷史上第一個「黑道家族」。

7　譯註：特魯希略（Trujillo），多明尼加政治家、總統、大元帥和獨裁者。

8　卡繆描寫卡里古拉的戲劇把這種隨權力而來的失心瘋寫得入木三分。

9　譯註：這裡的凱撒指古羅馬皇帝卡里古拉（Caligula）。「凱撒」是古羅馬皇帝的頭銜。

狂便看似是一種合理的情感。另一方面，很多人會憎恨他，想要推翻他和殺死他，所以他的病態猜疑也有著現實根據。結果就是，他並不覺得自己是與現實脫節的。因此他的頭腦還能保持一點點清醒，即使這種狀態並不穩定。

精神病（psychosis）是一種絕對的自戀狀態，這種狀態下的個體已經斷絕了與外在現實的一切聯繫，並使自身成為現實的替代品。他內心裝滿了他自己，他變成自己的「神和全世界」。佛洛伊德正是因為這項洞見，率先開闢了從動力學角度理解精神病的道路。

然而，為了方便不熟悉精神病的讀者，我們有必要對精神官能症患者或「正常」人的自戀做一番描述。最基本的自戀例子之一，見於普通人對待自己身體的態度。大多數人喜歡自己的身體、臉和體態，若是被問及是否願意和另一位樣貌更俊美的人互換身體，他們會斷然拒絕。下列事實更能說明：大多數人一點也不介意看到或聞到他們自己的排泄物（實際上有些人還挺喜歡），但他們肯定厭惡別人的排泄物。顯然，這裡不涉及任何審美或其他方面的判斷：同樣的事物，當它跟一個人自己的身體有關，它就是令人愉快的；而當它是跟他人的身體有關，便會令人不快。

再來看看另一個較不那麼常見的自戀例子。有個男人打電話到診所預約看病。醫生答覆說這星期的預約已經滿檔，建議他改約在下星期。但病人堅持要早點看病，不肯延後，也沒有解釋他這麼迫不及待的理由，只提到自己的住處離診所僅五分鐘的步行距離。醫生向他解釋，能在極短時間內趕到診所並不能解決排不出時間的問題，但病人並沒有表示理解，堅持認為自己提出了相當充分的理由，醫生應該為他安排早點看診。這位醫生若是一名精神科醫師，這個時候應該能得出一個重要的診斷結果：他面對的這個病人是個極度自戀的人，換言之是病得很嚴重。原因不難看出。病人沒辦法把自己與醫生的處境區別開來。存在於他視野中的事實，只有自己要看醫生這個願望，以及自己只要花一點點時間就能抵達診所。醫生作為一個獨立個體，有自己的排程和需要，但對這位病人來說，這些都不存在。他的邏輯是，既然自己很容易抵達診所，那麼醫生替他看病也一樣很容易。如果當醫生向他做出第二次解釋之後，病人就能回答：「啊，醫生，我當然明白。對不起，我提的要求真是太過分了。」那麼，診斷結果又會稍有不同。在這種情況下，我們面對的還是一個自戀的人，他一開始也不能區分他自身與醫生的處境有什麼分別，但他的自戀沒有前一個病人那麼強烈和僵化。當注意力被導向實際情況時，他明白了，並做出相應的恰當反應。這第二個病人一旦意識到自己的冒失，很可能會覺得不好意思，而第一位病人絲毫不會如此，他只會怪醫生太愚蠢，聽不懂他說的簡單道理。

類似的現象很容易見於一個單相思而未獲回應的自戀者。這人傾向於不相信他所愛的女人不愛他。他會這樣推理：「既然我這麼愛她，她不可能不愛我。」或者：「如果不是因為她也愛我，我不可能會如此深愛她的。」接著他會對對方的不理不睬做出合理化解釋：「她對我的愛是不自覺的。她害怕她對我的愛太熾熱。她想要考驗我，折磨我。」諸如此類。這個問題的關鍵在於，是當事人無法區分自己的現實和別人的現實。

我們再來看看兩個明顯有著天壤之別，但同樣是自戀的現象。假設有個女人每天對著鏡子花上好幾個鐘頭梳妝打扮。這並不僅僅意謂著她是個愛慕虛榮的人。她深深著迷於自己的身體和美貌，她的身體是她所知道的最重要的實體。她大概是最接近希臘神話中的納西瑟斯（Narcissus）[10]的人。納西瑟斯是個美少年，他拒絕了仙女厄科（Echo）的愛，讓她心碎而死。復仇女神涅墨西斯（Nemesis）為了懲罰他，讓他愛上自己在湖水的倒影，納西瑟斯最後在顧影自憐中跌落湖裡溺水而亡。這則希臘傳說清晰地表明，這種「自愛」（self-love）是一種詛咒，人在它最極端的形式中會以自我毀滅告終。[11]現在假設另一個女人（很可能是上述女子年紀變大之後）深受疑病症[12]之苦。她也是整天關注自己的身體，但不是想著如何變美，而是擔心生病。一個人之所以選擇執著於積極或消極的形象，當然是有原因的，但這不是我們這裡關注的問題。重要的是，上述兩種現象背後都潛藏著自戀，當事人對外在世界的興趣所剩無幾。

道德疑病症（moral hypochondriasis）在本質上並無不同。患有此症的人擔心害

10　譯註：Narcissus這個名字為「自戀」（narcissism）一詞之所本。

11　參見我在《自我的追尋》一書中對「自愛」的討論。我設法顯示，真正的愛自己與愛別人沒有什麼不同。反之，我們在那些既無法愛他人也無法愛自己的人身上看到的「自愛」只是自私自利的愛、自戀的愛。

12　譯註：疑病症（hypochondriasis），老是懷疑自己有病的「心理病」。

怕的，不是生病或死亡，而是內疚。這樣的人總是對他做錯的事、犯下的罪有罪惡感。在別人看來（在他自己看來也如此），他可能表現得特別有良心、有道德，甚至特別關心別人。實際上，這種人關心的僅僅是自己，是他的良知，是別人對他的看法，等等。這些生理疑病症和道德疑病症背後的自戀跟虛榮心重的人的自戀是一樣的，只不過它們在未受過專業訓練的眼睛看來比較沒有那麼明顯。這類自戀被卡爾·亞伯拉罕（Karl Abraham）歸類為消極性自戀（negative narcissism），特別常見於憂鬱症，其特點是當事人會感到不足、不真實和自責。

在日常生活中，我們也可以看到形式沒那麼極端的自戀取向。有一個知名笑話貼切地表達了這種情形。一位作家見到朋友後，喋喋不休地談論自己，許久之後才說：「我說了這麼久有關我的事，接下來聊聊你吧。你覺得我的新書怎麼樣？」這個人就是典型的一心只想著自己，對別人（附和他的人除外）不甚在意。這種人不在少數，即便他們常常表現得樂於助人、體貼入微，那也是因為他們樂於看見自己扮演這種角色。他們的能量只是用於自我欣賞，而不是從他們幫助的人的角度來考慮問題。

我們如何識別自戀的人呢？有一種類型很容易辨認：這種類型的人表現出自我滿意的所有跡象。我們會發現，他會把一些微不足道的事情說得鄭重其事，好像極其重要。他通常不聽別人在說什麼，也不感興趣。（倘若他是個聰明人，他會提幾個問題和裝出感興趣的樣子，以混淆視聽。）我們也可以透過他對任何批評都很敏感這一點，來識別這一類人。這種敏感性可以透過否定任何批評的正確性來表達，或者以憤怒或沮喪的態度回應批評。在很多情況下，自戀取向可能隱藏在謙遜和謙卑態度的背後。實際上，自戀者把自己的謙遜當作欣賞對象的情形並不少見。無論自戀的外在表現是什麼，對外在世界缺乏真實的興趣，是所有自戀形式共有的特點。[13]

---

13 要區分虛榮、自戀的人和自我評價低的人，有時候並不容易。後者常常需要讚揚和欣賞，這並不是因為他對任何其他人都不感興趣，而是因為他自我懷疑和自我評價低。另外還有一種難以釐清的重要區分，那就是自戀和自我中心（egotism）的區分。極度自戀意謂著不具有充分體驗現實的能力，極度自我中心則意謂著一點也不關心、愛或同情他人，但並不必然表示當事人會過度高估他的主觀認知過程。換言之，極端自我為中心的人不必然是極端自戀的人，自私自利的人不必然對客觀現實視而不見。

有時候可以透過面部表情辨識出自戀者。我們常常看到他的臉上煥發出一種光采或微笑，這種表情讓有些人顯得自鳴得意，讓另一些人顯得幸福洋溢、天真無邪，並且輕易相信他人。自戀者，尤其是極端自戀者，眼睛常閃爍著古怪的光芒，讓人覺得他們或是近乎神聖，或是近乎瘋癲。很多非常自戀的人極為多話，吃飯時常常喋喋不休，以致忘了吃飯這回事，其他人要等他們吃完。他們的「自我」比同伴或食物更為重要。

自戀者不一定把自己整個人當作自戀對象。他常常將自戀投注在自己的某個組成部分，例如他的名譽、他的聰明才智、他的身強力壯、他的風趣機智、他的漂亮外表（有時甚至窄化至頭髮或鼻子）。有時候，令他感到自戀的，是那些正常人不會引以為傲的特性，例如靠著害怕而預知危險的能力。自戀者漸漸認同於自身的某個組成部分。如果我們問自戀者「他」是誰，最恰當的回答是，「他」是他的頭腦、他的名聲、他的財富、他的陰莖、他的良知等等。各種宗教的所有神像，都代表著人身上許許多多的組成部分。對自戀者而言，任何體現其自我的人身特質都可以是他的自戀對象。一個以財產代表自我的人，很容易承受尊嚴受到威脅，但如果他的財產受到威脅，就會像是生命受到威脅。另一方面，一個以才智體現自我的人，若是說了蠢話，他會為此感到痛苦不堪，甚至有可能引發嚴重的憂鬱情緒。然而，自戀越嚴重，自戀者就越不願意接受自己失敗的事實，或者越不願意接受他人有條理的批評。對他人的這種無禮行為，他會怒不可遏，又或是認為對方愚蠢無知，無法做出正確的判斷。（這讓我想起一位才華橫溢但高度自戀的人士，當他做完羅夏墨蹟測驗，發現結果與他心中對自己的理想形象有出入時，這樣說：「我真為設計這測驗的心理學家感到遺憾，他肯定非常偏執。」）

我們現在必須談另一個會導致自戀現象複雜化的因素。正如自戀者會把「自我形象」變成自戀對象，他也會同樣對待一切與他有關的事情。他的觀念、他的知識、他的房子，還有在他的「興趣範圍內」的人，都會變成他的自戀對象。就像佛洛伊德指出的，最常見的例子很可能就是對自己所生的孩子的自戀式依戀。很多父母相信，與其他孩子相比，自家的孩子最漂亮、最聰明。似乎，孩子越小，父母這種自戀性偏見就越強烈。父母之愛，尤其母親對嬰兒的愛，在很大程度上是把嬰兒當成自己的延伸來愛的。成年男女之間的愛往往也具有自戀性質。一個在戀愛的男人如果覺得他愛的女人是「他的」，他可能會把自戀轉移到她身上。他會欣賞和崇拜他賦予她的那些特性；僅僅因為她是他的一部分，她便成了一個有卓越品質的女人。這樣的男人還常常覺得他所擁有的一切都極端美好，因而「愛上」它們。

在很多人身上，自戀這種激情的強烈程度只有性欲和生存欲可以相比。事實上，它還多次被證明比後兩者都要強烈。甚至在那些尚未達到這種強度的普通人身上，自戀看來還有著一個幾乎堅不可摧的核心。這讓人不禁懷疑，自戀激情可能就像性激情和生存激情一樣，有著重要的生物功能。這個問題一旦提出，答案便近在咫尺。一個人的各種身體需要、各種興趣和各種欲望如果不是充滿了能量，他要如何存活？以生物學而言，從生存的立場看，人必須賦予自己比任何其他人都要大得多的重要性。倘若他不這麼做，他將從哪裡獲取能量和興趣來對抗別人以保護自己、為生計勞動、為生存而奮鬥、在與他人利益發生衝突時仍然堅持己見呢？沒有自戀，他可能是個聖人，但聖人的存活率又有多高呢？不自戀從道德或宗教立場來看是最可取的品質，但從求生存的世俗立場看卻是最危險的。從目的論的角度，我們可以說大自然賦予人類大量的自戀，讓他能夠去做為求生存所必須做的事。確實如此，尤其因為大自然並沒有賦予人類像動物那般高度發展的本能。動物並沒有生存的「問題」，因為牠內建的本能已經負責求生的事，讓牠不需要考慮或決定自己是否要努力。但在人類身上，這種本能裝置已經失去了大部分效力，也因此自戀承擔著一項非常必要的生物功能。

然而，一旦認識到自戀具有非常重要的生物功能，我們又面臨另一個問題。極度的自戀難道不會使我們對他人漠不關心，不會使我們在必須把自己的需要放在第二位、以便實現與他人合作之時卻無法做到嗎？自戀難道不是會使人離群，不是到了極端的程度甚至會使人瘋癲嗎？毋庸置疑的是，極度的自戀對一切社會生活都是嚴重的障礙。但如果是這樣，我們就一定得說自戀是與生存原則相悖，因為一個人只有融入集體中才能生存。在大自然的各種災害面前，幾乎沒有人能單槍匹馬地保全自己。很多只能透過團隊協作才能完成的事情，個人也無法做到。

如此一來，我們得到了一個自相矛盾的結論：自戀對人的生存是必需的，但同時也對生存產生威脅。想要解決這個矛盾可以有兩個方向。第一個方向是追求最佳程度，而不是最大程度的自戀，前者才是有利於生存的自戀。這就意謂著，生物學上必要程度的自戀，被化約至可以跟社會合作、相容共存的程度。第二個方向是把個人自戀轉化為群體自戀，讓自戀激情的對象從個人改為部落、民族、宗教或種族等。如此，自戀的能量得以保持，但被用在服務群體的生存利益，而非個體的生存利益。在探討群體性自戀問題及其社會功能之前，我想先談談自戀的病態特徵。

自戀最危險的後果是理性判斷的扭曲。自戀對象會被認為有價值（好的、美的、聰明的，等等），不是基於客觀的價值判斷，而是因為它「是我」，或者它「屬於我」。自戀性質的價值判斷是帶有偏見和片面的。這種偏見往往被以某種方式合理化，自圓其說的程度則依當事人的智力和世故程度而異。在酒鬼的自戀中，他的強辯通常很明顯。我們看見的是一個談吐膚淺又平庸的人，但他的神態和語調卻彷彿他是在說世界上最精采有趣的妙語。他在主觀上有一種「站在世界之巔」的歡快感覺，但事實上他是在自我膨脹。這些分析不在表示高度自戀的人必然說話乏味無趣。如果他是天賦高或智商高的人，會說出一些有趣的想法，而如果他高度評價這些想法，其判斷不會完全錯誤。但自戀者無論如何都會傾向於高度評價自己的創造物，儘管這些創造物在評價過程中並不會發揮決定性作用。（在「消極性自戀」中，情形正好相反。這種人傾向於低估自己的一切，他的判斷同樣是片面的。）如果自戀者意識到他的判斷有扭曲性，後果就不會那麼糟糕。他將會願意、也能夠以一種幽默的態度來對待他的自戀偏見。但這種情況很少見。自戀者通常相信自己不存在什麼偏見，相信自己的判斷既客觀又符合事實。這會導致他的思考能力和判斷能力發生嚴重扭曲，因為在他處理自己和屬於自己的事物時，這些能力會一而再、再而三地遭到鈍化。相應地，自戀者在判斷不是「他」或不屬於他的事物時，同樣也會帶有偏見。與他無關（「非我」）的世界，是低劣、危險、道德敗壞的。如此一來，自戀的人將滿懷偏見。他和他擁有的都被高估了，外部的一切都被低估了。這對理性和客觀性造成的損害是顯而易見的。

自戀中更危險的病態元素，是自戀者遭到批評時的情緒反應。當我們所做的事或所說的話受到批評，如果對方意見中肯又不帶敵意，我們一般而言不會感到憤怒。然而，自戀的人一旦遭到批評便會暴跳如雷。他傾向於認為對方的批評是帶有敵意的攻擊，因為基於自戀，他無法想像對自己的批評會是公正的。倘若我們考慮到自戀者是個與世界脫離聯繫並因此感到恐懼的人，我們就能完全理解他為何會如此憤怒。他的自戀性自我膨脹所要抵消的正是這種孤單和恐懼。倘若他就是全世界，自然不會有什麼外在世界能嚇到他；倘若他就是一切，他便不會孤單。因此，當他的自戀受到傷害，他會覺得自己的整個存在都受到威脅。當對抗恐懼的保護傘，也就是他的自我膨脹受到威脅，恐懼就會浮出水面，並引發強烈憤怒。這種強烈的憤怒會越來越強烈，因為沒有任何適當行動能削弱威脅。唯有摧毀批評者（或者摧毀自我），才能拯救他脫離自戀性安全受威脅的狀態。

受傷的自戀除了可能引發爆炸性的狂怒，還可能引發憂鬱。自戀的人透過自我膨脹獲得自我認同感，外在世界對他來說不是問題，它的力量並不能令他臣服，因為自戀的人已經成功地自成一個世界，感覺無所不知和無所不能。如果他的自戀受到傷害，並出於若干原因他承受不起暴怒的代價（例如他的批評者在他的主觀上或客觀上比他強勢），那麼他就會變得憂鬱。他脫離了與世界的聯繫，並且對世界毫無興趣；他是個無關緊要的人，是個無名小卒，因為他尚未把自我發展成他與世界之間聯繫的中心。如果他的自戀受傷特別嚴重，嚴重到無以為繼，那麼他的自我會崩塌，而對自我崩塌的主觀反射動作就是憂鬱。在我看來，憂鬱症中的哀悼因素就是那個已經逝去的、美好的「我」的形象，憂鬱的人為此而哀悼。

正因為自戀的人害怕由於自戀受傷所導致的憂鬱，他才會不惜一切想要避免這種傷害。有很多辦法達到這個目的。其一就是變得更加自戀，如此一來，任何外界的批評或失敗都無從真正觸及他的自戀。換言之，自戀者將自戀強度加強，以此擋避威脅。這當然意謂他試圖以讓自己越來越精神錯亂的方法來治療威脅性憂鬱，甚至到了不惜罹患精神疾病的程度。

不過，還有另一個應付自戀受威脅的方法，這方法對當事人來說較有利，卻會為其他人帶來危險，那就是設法把現實改造得在某種程度上符合自戀者的自我形象。其中一個例子是那個相信自己發明了一部永動機的自戀發明家，儘管他得到的只是具有一點意義的小發明。更重要的方法是獲得另一個人的認可，或是（如果可能）獲得幾百萬人的認可。前者的例子是「二聯性精神病」（Folie à deux）[14]（某些婚姻關係或朋友關係以此為基礎），後者的例子是某些公眾人物，透過獲得千百萬

14 譯註：指一個有精神病症狀的人將妄想感染另一個人，形成二人性的精神病。

人的稱讚和支持得以掩飾自己潛在的精神病，其中最為人熟知的是希特勒。他成功地讓幾百萬人相信他塑造的自我形象，相信他所說的「第三帝國」會千年昌盛的浮華幻想為真；甚至能某種程度地改造現實，以使他的追隨者相信他的所作所為是正確之舉。若非如此，希特勒就會是一個極度自戀的人，很可能會深受嚴重的精神病折磨。（他垮臺後必須自殺，否則自我形象的崩塌會令他難以承受。）

歷史上還有其他極其狂妄自大的領袖人物，他們扭曲現實使之符合自己的自戀，從而「治癒」了自戀。這種人必須同時摧毀所有批評者，因為他們無法忍受精神健全的聲音對他們構成的威脅。從卡里古拉、古羅馬暴君尼祿、史達林到希特勒，我們看見他們需要找到信徒，需要扭曲現實使之符合他們的自戀，需要摧毀所有批評者。這種需要之所以如此尖銳又如此強烈，恰恰因為它是個體為避免精神病突然發作的努力和嘗試。矛盾的是，這種領袖身上精神失常的成分，同時也造就了他們的成功，這使他們獲得了那種對一般人來說，會令人印象深刻的自信和毫無懷疑的自由。無需贅言，這種改變世界和贏得他人信任自己的主張和妄想的需要，同時會要求一個人具備某些普通人（不管是不是精神病患者）所欠缺的才能與天賦。

在對自戀進行病態分析時，區分兩種形式的自戀是很重要的：一種是良性的，另一種是惡性的。在良性形式中，自戀對象是一個人努力的結果。例如，一個人可能會對他從事的木匠、科學家或農人工作產生自戀性驕傲。由於自戀對象是他不得不為之的工作，他對自己的工作和成就的排他性興趣總是受到他對工作過程的興趣，以及他對工作上使用材料的興趣所平衡。因此，這種良性自戀的動力是自我查核。在相當大的程度上，是自戀本質推動他工作的能量，但因為工作本身必須與現實掛鉤，所以總是會把自戀抑制在一定範圍內。這種機制可能可以解釋為什麼有很多人雖然極為自戀，但也極富創造力。

在惡性自戀中，自戀對象不是自戀者所從事或創造的事物，而是他所擁有的事物，如他的身體、外表、健康、財富等等。這種類型的自戀之所以是惡性，在於它缺乏我們在良性自戀中看到的那種矯正性成分。如果我覺得我「了不起」是因為我擁有某種品質，而非因為我透過努力取得某種成就，那麼我就不需要與任何人或任何事有所關聯，我也不需要付出任何努力。在致力於維繫我「了不起」這副面貌時，我讓自己離現實越來越遠，而且必須加深自戀的程度，因為這樣才能避免我的自我膨脹會被戳穿是空想的產物。因此，惡性自戀是不會自我設限的，也是仇外和唯我主義的。一個學會透過努力取得成就的人，會禁不住承認其他人透過類似方式取得的類似成就——即使他的自戀可能會讓他相信自己的成就高別人一籌。但沒有成就的人難以欣賞別人的成就，因此被迫在自戀的輝煌中越來越孤立自己。

至此，我們已經描述了個人自戀的生物功能和病態特徵。此番描述應該可幫助我們理解社會自戀現象和它在暴力與戰爭中的角色。

下文要討論的中心議題，是個人自戀轉化為群體自戀的現象。我們不妨先來看看群體自戀的社會功能，它與個人自戀的生物功能相對應。對任何想要生存的有組織群體來說，成員為群體注入自戀能量事關重要。一個群體能否生存，在某種程度上取決於其成員是否將群體的重要性看得像他們自己的生命一樣重要，甚至更加重要；並且取決於其成員是否相信他們的群體比其他群體更正當，甚至更加優越。如果對群體沒有這種自戀情感的投注，將會大大削弱成員為群體效力，乃至為群體做出巨大犧牲所必需的能量。

在群體自戀的動力學中，我們看到了與前文討論過的個體自戀類似的現象。

我們同樣可以區分良性形式和惡性形式的群體自戀。如果群體自戀的對象是達到成就，那麼與我們上文所說的相同辯證過程還會再次發生。群體想要透過努力取得某種創造性成就的這種需要本身，會讓它必然跳出群體唯我主義的封閉圈，對它想要達成的目標產生興趣。（但如果某個群體想透過征服取得成就，便幾乎不會獲得真正創造性努力所帶來的益處。）另一方面，如果群體自戀的對象是群體本身，是群體的往日輝煌，是成員的魁梧體格，那麼，前述的抑制作用就會無法發展，而自戀取向和隨之而來的危險將穩步增強。當然，在現實中，這兩種成分常常是混合在一起的。

群體自戀還有另一個我們尚未論及的社會功能：一個社會無法讓大多數成員，或其中很大一部分成員的需要得到滿足，若想避免這些人心生不滿，就必須為他們提供一種惡性的自戀性滿足。對那些經濟上和文化上都匱乏的人來說，因歸屬於某個群體而產生的自戀性自豪感是唯一的滿足感來源，而且往往非常有效。正是由於生活對他們來說並不「有趣」，也沒有提供他們培養興趣的可能性，他們可能發展出一種極端形式的自戀。這類現象近年來的好例子是曾經在納粹德國出現，與今日仍然可見於美國南部的種族自戀。在這兩個個案中，種族優越感的中堅力量都是下層中產階級。這個落後的階層在德國和美國南部都是經濟和文化上的弱勢，沒有任何改變其處境的現實希望（因為他們是一種過時且日暮途窮之社會形式的殘餘）。這群人唯一的滿足感來自把自己膨脹為世界上最令人豔羨的群體，並且優越於另一個被判定為「低劣」的種族。這個落後階層的成員會覺得：「雖然我又窮又沒有文化，但我是個重要人物，因為我屬於世上最令人豔羨的群體——我是白人。」或者，「我是雅利安人。」

群體自戀沒有個人自戀那麼容易識別。假設有個人對別人說：「我（和我的家人）是世界上最令人敬佩的人。只有我們是乾淨的、聰明的、善良的、正派的，其他人都是骯髒的、愚蠢的、奸詐的、不負責任的。」大多數人都會認為他這個人粗魯、心態失衡，甚至精神錯亂。然而，如果有個狂熱的演講者在一大群聽眾面前把上述語句中的「我」和「我的家人」換成國家（或種族、宗教、政黨等等），那麼很多人會覺得他愛國或愛上帝，因而稱讚和景仰他。但別的國家或宗教會仇視這種言論，原因顯而易見，因為他們遭到蔑視。但是，在受到支持或喜愛的群體內部，每位成員的個人自戀在恭維之下都得到極大滿足，而且因為有幾百萬人贊同此說，它便被認為是「有道理的」（reasonable）。（大多數人心目中的「有道理的」不過就是有很大比例的人同意的看法，所以對他們來說，「有道理的」無關「道理」〔reason〕，只與共識有關。）作為一個整體的群體，需要群體自戀來保證自己的生存，因此它會進一步加強自戀的態度，賦予它特別高尚的性質。

群體自戀的結構和規模在歷史上不斷變化。在原始部落或氏族中，它可能僅僅涵蓋幾百人。那時，個人尚未成為「個人」，仍然由血緣聯合在一起，還沒有擺脫「原始的連結」（primary bonds）。[15]氏族成員沒有獨立於氏族之外的存在，這項事實讓他們的群體自戀情感更加強烈。

在人類的發展歷程中，我們看到社會化的範圍越來越大。最初基於血親關係組成的小群體漸漸被基於共同語言、共同社會秩序和共同信仰的更大群體所取代。但是，群體規模更大並不必然意謂著自戀的病態性質有所弱化。如我們前文所言，

15 拙著《逃避自由》對「原始的連結」有所討論。

「白人」或「雅利安人」的群體自戀可達到的惡性程度，跟個人極度自戀的惡性程度不相上下。不過，社會化過程通常有助於形成更大規模的群體。在這過程中，人需要與沒有血緣關係、形形色色的其他人展開合作，因而抑制群體內部的自戀情感。此外，我們就良性的個人自戀談過的一點也適用於群體自戀，那就是只要大型群體（民族群體、國家群體或宗教群體）是把在物質、精神或藝術領域努力取得成就作為自戀性自豪感的對象，在這些領域進行工作的過程本身往往會抑制群體自戀的情感。

自戀情感和反自戀情感同時發揮作用的大型群體不在少數，羅馬天主教會便是其中一個例子。在對天主教內部的自戀情感發揮反作用的因素中，首先是「人的普同性」概念和「大公」（catholic）宗教[16]的概念，這讓天主教不再是特定部落或民族的宗教。其次是衍生自上帝觀念和拒絕拜偶像概念的個人謙卑概念。上帝的存在意味著沒有人可以成為上帝，沒有人可以是全知或全能的。這就為人的自戀性自我崇拜設定了一道明確的界限。然而與此同時，天主教會卻滋生出一種強烈的自戀：相信教會是人獲得救贖的唯一機會，相信教皇是基督在塵世的代表。其成員因為自己歸屬於如此不凡的機構，發展出強烈的自戀。在與上帝的關係中，情況亦復如此：雖然上帝的全知和全能本該令人謙卑，但有些人將自己等同於上帝，在這個等同過程中發展出程度非同尋常的自戀。

自戀與反自戀功能這種兩可性同樣見於其他幾大宗教，例如佛教、猶太教、伊斯蘭教和基督教新教。我在上述分析中以天主教為例，不僅是因為它是眾所周知的例子，更因為羅馬天主教在十五、十六世紀時，既是人本主義思想的基礎，也同時是暴力和狂熱宗教自戀的緣起。教會內外的人本主義者本著人本主義之名著書立說，而人本主義是基督教精神的本源。庫薩的尼古拉（Nicholas of Cusa）提倡對所有人心懷宗教寬容；瑪律西利奧・費奇諾（Marsilio Ficino）教導他人，愛是一切創造的根本力量；伊拉斯謨（Erasmus）堅決主張相互包容和教會民主化；湯瑪斯・莫爾（St. Thomas More）為宗教普世主義和人類團結發聲，並為此獻出自己的生命；波斯特爾（Guillaume Postel）在庫薩的尼古拉和伊拉斯謨奠定的基礎上呼籲全

16 譯註：天主教會一詞的原意是「大公教會」（即普世教會）。

球和平與世界大同；西庫洛（Siculo）追隨皮科．德拉．米蘭朵拉（Pico della Mirandola）的步伐，熱情洋溢地為人的尊嚴、理性、美德和人自我完善的能力大唱讚歌。這些人和其他從基督教人本主義土壤中成長起來的眾多人本主義者一起，大力推崇人的普同性、人與人的手足情誼、人的尊嚴和理性。他們為寬容與和平而戰。[17]

與人本主義者對峙的宗教狂熱力量來自兩方面：路德派和天主教會。人本主義者努力避免禍事紛爭，最終卻是兩支狂熱的宗教力量勝出。宗教迫害和戰爭[18]在災難性的「三十年戰爭」期間達到頂峰，這對人本主義思想的發展來說是個打擊，歐洲大陸至今未曾從這打擊中徹底恢復。（我們禁不住聯想到三百年後史達林主義摧毀了社會主義的人本主義。）當我們回顧十六、十七世紀的宗教仇恨，其中的非理性成分顯而易見。雙方都奉上帝之名、奉基督之名和奉愛之名說話，彼此的大原則相似，只在小地方分歧。然而，他們互相仇視，並狂熱地深信：在我方宗教信仰的邊界之外並無人性。[19]這種過於高估己方觀點和立場、仇視一切異己之見的做法，其本質正是自戀。「我們」是「可敬可佩的」，「他們」是「可惡可鄙的」；「我們」是「良善之輩」，「他們」是「邪惡之徒」。對我們所奉教義的任何批評，都是讓人不可忍受的惡毒攻擊；對他們提出的批評，是幫助他們回歸真理的善意之舉。

自文藝復興以降，群體自戀和人本主義這兩股針鋒相對的強大力量以各自的方式發展。不幸的是，群體自戀將人本主義遠遠拋在後頭。在中世紀晚期和文藝復興時期的歐洲，政治和宗教上的人本主義看上去將要勝出，結果卻希望落空，不曾真正成為現實。新形態的群體自戀抬頭，並主宰了幾個世紀。這種群體自戀表現為各種不同的形式：宗教的、國家的、種族的、政治的。新教徒敵視天主教徒，法國人敵視德國人，白人敵視黑人，雅利安人敵視非雅利安人，共產主義者敵視資本主義者。內容雖然有所不同，但從心理學角度來看，都涉及群體自戀現象及其引發的狂熱和毀滅。*20*

17 參見Friedrich Heer的精采之作*Die dritte Kraft* (S. Fischer Verlag, 1960)。
18 譯註：指天主教和新教對彼此的宗教迫害和戰爭。
19 譯註：指把非本教的信徒視作非人。

當群體自戀日益壯大，作為其對立面的人本主義也在向前發展。在十八、十九世紀，從史賓諾莎、萊布尼茲、盧梭、赫德（Herder）、康德到歌德和馬克思，人本主義得到了發展：每個個人都具備所有的人性，沒有群體可以自稱具有天生的優越性而享有特權。第一次世界大戰對人本主義來說是一次沉重的打擊，催生出五光十色的群體自戀現象：一戰所有參戰國的民族主義歇斯底里大發作、希特勒的種族主義、史達林的黨崇拜、伊斯蘭教和印度教的宗教狂熱、西方國家的反共狂熱。這些形形色色的群體自戀把全世界推向全面毀滅的邊緣。

作為對人類面臨這種威脅的回應，今天在所有國家和各種意識形態的代表之中都出現了人本主義的復興：在天主教和新教神學家之中，在社會主義哲學家和非社會主義哲學家之中，都出現了激進的人本主義者。無論是全面毀滅的危險，還是新人本主義者的理念，或是新溝通手段，在人與人之間形成的連結是否足以阻止群體自戀的效應，是一個可能會決定人類未來命運的問題。

群體自戀的強度不斷增加（唯一差別只是從宗教自戀變為國家自戀、種族自戀和黨派自戀）確實是個很奇怪的現象。首先，因為人本主義的力量自文藝復興以來已取得了長足的進展（見上文）。其次，因為科學的發展理應削弱自戀。科學方法要求客觀和務實，要求我們認識世界的本來面目，而不依照自己的欲望和恐懼去扭曲世界。它要求我們對客觀現實保持謙卑，放棄無所不能和無所不知的妄想。批判性思維、實驗方法、客觀證據和懷疑態度，這些都是科學研究的典型特徵，也是與自戀取向對抗的思維方法。

科學的思維方式毫無疑問對當代新人本主義的發展產生了影響，而我們這個時代大部分傑出的自然科學家都是人本主義者也並非偶然。然而，絕大部分西方人雖然在中小學或大學裡「學過」科學方法，但他們從未真正領會科學方法和批判性思維的精神。甚至自然科學領域中的大部分專業人士也僅僅是技術人員，並不具備科學態度。對大多數人來說，學校教給他們的科學方法更是沒什麼意義可言。雖然我們可以說高等教育往往在一定程度上削弱個人自戀和群體自戀，但這並沒能阻止

20 此外還有其他危害性較小的群體自戀形式，它們見於小規模群體，如某些組織的地方分會、一些小型的宗教派系、「校友會」等等。這些群體的自戀在程度上可能並不比大規模群體輕，它們之所以沒那麼危險，是因為幾乎沒掌握什麼權勢，因而甚少具備造成傷害的能力。

大部分「受過教育」的人熱情洋溢地投入各種國家性、種族性和政治性的活動中，這些活動所體現的正是當代的群體自戀。

猶有甚者，科學看來已經創造了一個新的自戀對象：技術。人因為創造了一個從前無法想像的世界，因為發明了無線電、電視機、原子能、太空旅行，甚至發明了有毀滅整個地球的潛在能力的技術，由此產生自戀性自豪感，為他的自戀性自我膨脹找到一個新對象。研究自戀在現代的發展時，我們難免會想起佛洛伊德說過的一番話：哥白尼、達爾文和他自己深深地傷害了人的自戀，因為他們推翻了人在宇宙中獨一無二的地位，以及人作為一種基本和不可取代的實體的信念。但人的自戀雖然受到這樣的傷害，卻沒受到太大削弱。人類的反應是將自戀轉移到其他事物上，例如國家、種族、政治信念和技術。

就像個人自戀一樣，群體自戀最顯著和常見的病態症狀也是缺乏客觀性和理性判斷。仔細觀察貧窮白人對黑人的判斷，或仔細觀察納粹分子對猶太人的判斷，我們能輕易發現他們的判斷都有著歪曲事實的特點。其中雖然包含著一星半點的真相，但整體看來卻充滿謬誤和捏造。如果根據自戀性的自我陶醉採取政治行動，那麼，缺乏客觀往往會引發災難性後果。我們在二十世紀上半葉已經目睹了民族性自戀後果的兩個突出例子。第一次世界大戰爆發多年以前，法國奉行的戰略理念認定，法國軍隊不需要太多重砲或機槍，因為法國士兵極具法蘭西大無畏精神和高昂士氣，一把刺刀便足以退敵。而事實卻是，成千上萬名法國士兵在德國人的機槍掃射之下應聲倒地，後來是因為德軍出現戰略失誤和美國施以援手，法國才免於戰敗。第二次世界大戰期間，德國犯了類似的錯誤。希特勒（這個極度自戀之人激發起千百萬德國人的群體自戀）過度高估德國的實力又過度低估美國的實力，此外，他還像同樣自戀的拿破崙那樣，過度低估俄國的冬天。希特勒聰明有餘，卻沒有客觀看清現實的能力，因為他把戰勝和統治的願望放在軍隊的裝備和天氣這些現實的問題之上。

與個人自戀一樣，群體自戀也需要得到滿足。在某種程度上，這種滿足是由「我群較他群優越」的共同意識形態提供。在宗教群體中，很輕易就能透過以下的假設獲得滿足：我群是唯一信仰真上帝的群體，而既然我的上帝是唯一的真上帝，那麼其他群體必定都是由誤入歧途的異教徒組成。即使不假借上帝來充當自己優越性的見證人，群體自戀也能在世俗層面得到類似的結論。美國某些地區和南非的白人堅信自己比黑人優越，這就證明了，沒有什麼能限制人對我群優越感或他群低劣感的意識。然而，群體自戀帶來的滿足感也需要從現實得到某種程度的確認。只要阿拉巴馬州或南非的白人手握實權，能透過社會、經濟和政治的歧視行為來證明他們比黑人優越，那麼他們的自戀信念就會包含現實成分，因而支撐起整個自戀思想體系。同樣道理也適用於納粹分子：他們把滅絕猶太人看作雅利安人更優越的證據。（對一個施虐狂來說，他能殺人的事實便能證明他的優越性。）然而，如果自我膨脹的群體找不到無力抵抗的少數群體為它的自戀提供滿足感，那麼它的自戀很容易會催生出軍事征服的欲望。這就是一九一四年之前的泛德意志主義和泛斯拉夫主義的發展路徑。在這兩個案例中，民族都被賦予「天選」的角色，被認為比其他民族優越，因此有理由攻擊那些不認同他們的優越性的民族。我並不是說第一次世界大戰的「唯一原因」是泛德意志運動和泛斯拉夫運動的自戀傾向，但它們的狂熱無疑是導致大戰爆發的原因之一。然而，我們不應該忘記，戰爭一旦開始，各國政府便會設法煽動民族自戀，以作為成功發動戰爭的必要心理條件。

如果一個群體的自戀受到傷害，也會產生如同個人自戀受傷時的狂怒反應。因為群體自戀的象徵符號遭人鄙視而引起近乎瘋狂般暴怒的事例，歷史上所在多有。毀損國旗，褻瀆某人尊奉的上帝、君王或領袖，戰敗和喪失領土，這些事例常常激起強烈的群眾復仇心理，繼而引發新一輪戰爭。只有擊潰冒犯者，消去被侮辱之恨，自戀的傷口才能癒合。個人也好，民族也好，復仇之舉往往是因為自戀受到傷害，需要透過毀滅冒犯者來「治癒」傷痛。

自戀的病態特徵還有最後一個要素。極度自戀的群體渴望有一個可以讓成員產生認同感的領袖。這位領袖受到群體成員的尊崇，群體把其自戀投射到他身上。透過臣服於強大的領袖（這種臣服在深層來講是一種共生和身分認同行為），個人自戀會被轉移至領袖身上。領袖越偉大，其追隨者就越偉大。在個人層面特別自戀的人最適合實現這項功能。這位領袖相信自己很偉大，並且從無疑慮，這正是他對那些臣服者的自戀具有吸引力的原因。而缺乏客觀判斷、遭遇任何挫敗時的暴怒反應、時刻保持全能形象的需要，這些都可能會引起他犯錯，導致他毀滅——但在此之前，這位半瘋的領袖通常是最成功的領袖。他即使垮臺，也沒什麼大不了的，因為總是有一些有天賦的半精神病患者隨時候補，以滿足自戀群體的需要。

至此，我們已經探討了自戀現象的生物功能、社會功能和病態特徵。由此我們或許可以下結論，當自戀是良性且不超出某種界限時，它是一種必要和有價值的取向。但是，我們的描述並不完整。人類不僅關心生物和社會生存，他也關心價值觀，關心他身而為人所賴以發展的價值觀。

從價值的角度來看，自戀顯然與理性和愛相衝突。這項事實幾乎無須進一步說明。根據自戀的本質，它會阻礙人們——就它存在的程度而言——客觀地看清楚現實，換言之，自戀會限制理性。自戀對愛的妨礙可能沒有這麼顯而易見。而且，佛洛伊德不是曾經說過所有的愛情都含有強烈的自戀成分嗎？他說，當一個男人愛上一個女人，會把對方變成他自戀的對象，並因為她是他的一部分而覺得她美好可親。她可能也會對他做同樣的事情，於是就出現了人們所說的「偉大的愛情」。但這往往只是一種「二聯性精神病」而不是真正的愛情。在這些情況中，男女雙方都保留著本身的自戀，對彼此並沒有真正、濃厚的興趣（對其他人更是如此）。他們仍然敏感易怒，多疑猜忌，而且極有可能都需要一個新對象為自己帶來嶄新的自戀性滿足感。對自戀的人來說，伴侶從來都不是一個獨立或完全真實的個體，只作為自戀者膨脹自我的影子而存在。反之，非病態的愛並不以相互自戀為基礎。它是各自獨立的兩個人形成的關係，他們能向對方敞開自我並與對方合融為一體。要想體驗愛，必先體驗區別、脫離。

當我們考慮到所有偉大人本主義宗教的教義都可以歸結為一句話，那麼自戀現象從道德—精神角度來看所具有的重要性就會非常清楚。那句話就是：克服自戀是人的奮鬥目標。對這項原則的表述，大概沒有比佛教更激進的了。佛陀的教義相當於表示，人只有從錯覺中醒來和覺察現實才能拯救自己脫離苦海。這些現實包括生老病死，也包括人的貪婪永不可能得到滿足。佛教所說的「覺者」就是克服了自戀的人，他也因此能夠充分覺醒。我們也許可以換一種方式來說明：人只有消除他擁有的、堅不可摧之自我的錯覺，且一併放棄所有其他貪求之物，他才能對世界敞開心胸，並與之產生充分的關聯。從心理學的角度看，這徹底清醒的過程跟透過與世界產生關聯來代替自戀是完全一樣的。

在希伯來人和基督教的傳統中，對如何克服自戀有各種不同的表述方式。《舊約聖經》說：「你要愛鄰人如己。」這就是要求人至少要做到把鄰居看得和自己一樣重的程度。但《舊約聖經》更進一步，還要求人去愛「陌生人」：「你們在埃及地作過陌生人，知道陌生人的心情。」陌生人是不屬於我的氏族、我的家庭、我的民族的一部分的人。換句話說，他不屬於那個我自戀地依附著的群體，他僅僅是個人類。正如科恩（Hermann Cohen）指出的，我們是在陌生人的身上發現了人類。[21] 在對陌生人的愛裡，自戀之愛消失了，因為那意謂著我對另一個人的愛是出於他的本身，以及他與我之間的不同，而非出於他像我。當《新約聖經》說「要愛你們的仇敵」時，乃是用更直接的方式表達同樣的觀點。當陌生人對你來說已經成為一個完整的人，那麼也就不存在什麼仇敵了，因為你已經成為真實的人。唯有在自戀已經被克服，唯有在「我就是你」的時候，愛陌生人和愛仇敵才可能成為現實。

反對偶像崇拜是眾先知[22]的中心議題，同時也是一種反自戀。在偶像崇拜中，人的部分能力被絕對化，並造為偶像。於是，人以一種異化的方式崇拜他自己。他潛隱其中的偶像成了他自戀激情的對象。相反的，「上帝」的觀念是對自戀的否定，因為只有上帝（而不是人類），才是全知和全能的。一個無法界定和難以捉摸的上帝是對偶像崇拜和自戀的否定。然而，上帝很快又成為偶像，人以一種自戀的方式對祂產生認同，因此，與上帝概念最初的功能完全相反，宗教成了群體自戀的一種表現。

人只有徹底擺脫自戀（包括個人自戀和群體自戀）才能充分成熟。以心理學術語來表達人類心智發展的目標，與人類歷史上偉大的精神導師們以宗教—精神術語表達的目標本質上是一樣的。儘管所用的概念不同，但它們所指涉的實質和體驗是一樣的。

我們這個時代的特點是，人的智力發展與精神—情感的發展出現重大落差：前者導致最具毀滅性的武器誕生，後者卻讓人繼續停留在顯著的自戀狀態，表現出自戀所有的病態症狀。我們要怎樣才能避免這種矛盾可以輕易引發的災難呢？在可

21 H. Cohen, *Die Religion der Vernunft aus den Quellen des Judentums* (Frankfurt am Main: F. Kaufman, 1929).（譯註：指人與本群、本族在一起的時候原沒有「人」的概念。）

22 譯註：指《舊約聖經》中的眾先知。

預見的未來，人有沒有可能擺脫各種宗教教義，邁出他們從來不曾邁出的一步？會不會就如佛洛伊德所想，自戀在人身上根深蒂固的程度，讓他永遠無法克服他的「自戀核心」？我們能希望人在有機會成為完整的人之前，不致因自戀性癲狂而毀滅嗎？沒有人能回答這些問題。我們只能探究有哪些可能性或許可以幫助人類避免大災難。

我們不妨從看上去最容易的方式入手。即使在不減弱每個人自戀能量的情況下，自戀的對象卻是可改變的。如果能夠讓整個人類變成群體自戀的對象，而不再是把某個民族、某個種族或某種政治制度奉若神明，事情或許大有可為。如果個人主要把自己看作一名世界公民，如果他能為人類自身和人類取得的成就感到驕傲，那麼他的自戀會轉向人類，而不是放在衝突性要素上。如果各國的教育制度都強調人類的成就，而非個別民族或國家的成就，那麼，人對於自己身為人類的自豪感，就可以提出一個更有說服力、更感人的例子。古希臘詩人藉安蒂岡妮（Antigone）之口說：「世界上沒有比人更美好的了。」如果這種思想感情能為所有人共有，那麼我們就能向前邁一大步了。

除此之外，還必須提及另一個要素，就是所有良性自戀具備的共同特徵，即以透過自身的努力取得的成就作為自戀對象。能讓每個人都為自己屬於人類而感到驕傲的那些任務，必須由人類所有成員共同承擔，而不是專屬於某個特定的群體、階級或宗教。眼下人類的共同任務，是攜手對抗疾病和飢餓，運用我們的通訊技術為全世界人民傳播知識和藝術。事實上，儘管人們在政治和宗教意識形態上存在諸多差異，但沒有任何人負擔得起將自身排除在這些共同任務之外的後果。因為本世紀最偉大的成就，恰恰在於我們已經徹底推翻了如下信念：人與人之間不平等是天生註定或是神的旨意，剝削行為有其必然性或正當性。文藝復興時期的人本主義、資產階級革命、俄國十月革命、中國辛亥革命，還有殖民地爆發的各種革命，都是基於一個共同的思想：人人平等。即便這些革命中有一些侵犯了人人平等的原則，但不容否認的是，人人平等的觀念，以及由此而生的、人人享有自由和尊嚴的觀念，已經征服了全世界。我們很難想像人類還可能重拾不久之前仍占據著人類文明史主要地位的那些觀念。

如何將全人類及其成就作為良性自戀的對象，可以由聯合國之類的超國家組織來代表。我們甚至可以創造它專屬的象徵符號、節日和紀念活動。年度最受矚目的節日將不是國定假日，而是「人類日」。但要發展到這一步，顯然只有在很多國家（最終是所有國家）都願意為了人類的主權而讓出部分國家主權的情況下，才能真正實現——不僅在政治，還有在情感與現實層面。實力增強的聯合國，以及合理、和平地解決群體衝突，是實現全人類及其共同成就成為群體自戀對象顯而易見的條件。[23]

正如前文所言，自戀對象從單一群體擴大至全人類及其成就的這種轉變，會對民族自戀和意識形態自戀的種種危險發揮反制作用。但這還不夠。如果我們忠於我們的政治理想和宗教理想，忠於無私互愛的基督教理想和社會主義理想，那麼我們還必須以弱化每個個人的自戀程度為己任。雖然這將需要好幾代人的努力，然而與以往任何時候相比，這項任務如今更有可能實現，因為我們已經有辦法創造出使每一個人都過得有尊嚴的物質環境。技術的發展會使一個群體完全不再需要奴役和剝削另一個群體。技術已然讓戰爭變成不符合經濟效益的不理性行動。人類將會首次擺脫半動物狀態，成為一個完整的人，並因此不再需要自戀性滿足來補償在物質和文化上的匱乏。

以這些新條件為基礎，科學取向和人本主義取向可以為克服自戀的嘗試提供極大助力。正如我闡明過的，我們必須轉變教育方向，從以技術為主要導向轉到以科學為導向，也就是我們必須推進批判性思考、客觀性和真理是放諸四海皆準的概念。如果文明國家能在年輕人心目中將科學取向塑造為一種基本態度，將會在對抗自戀的戰鬥中大有所獲。

可以產生同樣效果的第二個方法是教導人本主義哲學和人類學。我們不能指望消弭所有的哲學分歧和宗教分歧。我們甚至不能有這種想法，因為建立一個號稱是「正宗」的體系可能會帶來另一種自戀。然而即便有各種分歧存在，也還存在著共同的人本主義信條和經驗。這個信條就是，每個個人都具有全部的人性。儘管我

23 對進行此嘗試較為具體的措施，我想在此提出一點建議。歷史教科書應該改寫為世界史教科書，書中每個民族的生活的占比要貼合現實，不可扭曲，一如世界地圖在所有國家都一樣，不會替自己國家的面積灌水。除此之外，電影應該要想辦法讓人對人類的發展感到自豪，表現出人類迄今的成就是眾多群體的各自努力匯聚而成。

們在智商、才能、身高和膚色方面不可避免會有所不同，但「人類的境遇」（human condition）對所有人來說都是一樣的。人本主義經驗包括：感覺「人的一切我皆不陌生」[24]，感覺「我就是你」，感覺人與人之間因為有著相同的生命成分而可以互相理解。只有我們擴大自己覺察（awareness）的範圍，這種人本主義經驗才會變得完全可能。我們自己的覺察通常侷限在社會允許成員覺察到的範圍，那些與之格格不入的人類經驗會被遮蔽壓抑。因此，我們的意識所代表的，主要是我們自己的社會和文化，但我們的無意識卻代表著每個人身上的普遍人（the universal man）。[25] 拓寬自我覺察、超越意識和照亮社會無意識的領域，將使人能夠在自己身上體驗到全人類：他將體驗到他同時是罪人和聖徒，同時是小孩和成人，同時神志正常和精神失常，同時活在過去和活在未來，他內心會具備人類曾經擁有、並且即將擁有的、人之為人的一切體驗。

我相信，所有宣稱代表人本主義的宗教、政治和哲學體系所尊崇的人本主義傳統，其真正的復興將會為今日最重要的「新領域」帶來相當大的進步：人發展成為一個完全意義上的人。

我表達的這一切，並未暗示光是教導就足以成為實現人本主義的決定性一步（就像文藝復興時期的人本主義者們所相信的那樣）。只有基本的社會、經濟和政治形勢發生轉變，我的這些教導才會有作用。需要發生的轉變包括從官僚主義性質的工業主義轉變為人本主義—社會主義性質的工業主義，從集權化轉變為分權化，從組織人（organization man）轉變為有責任心和積極參與的世界公民，從從屬於國家主權轉變為從屬於人類整體主權和其選定的機構，以及富國和窮國攜手合作建設發展窮國的經濟體系；普遍的裁軍，把物質資源用於建設性任務。還有另一個原因讓普遍裁軍成為必要：如果世界上有一部分人生活在被另一個集團全面毀滅的恐懼之中，而其他人生活在被這兩個集團毀滅的恐懼之中，那麼，群體自戀將無法減少。人只有在能夠預料自己和孩子能夠年復一年地安然活下去，才能成為人。

---

24 譯註：語出古羅馬劇作家泰倫斯，原話為：我是人，因而人的一切我皆不陌生。

25 Cf. E. Fromm, *Zen Buddhism and Psychoanalysis* (New York: Harper & Row, 1960)and *Beyond the Chains of Illusion*, "The Credo Series," planned and edited by Ruth Nanda Anshen (New York: Simon and Schuster, 1962 & New York: Pocket books, 1963)。

第五章

衰敗症候群討論（三）：亂倫固著

人只有徹底擺脫所有形式的亂倫固著，
才能完整被生出來，有向前邁進和成為自己的自由。

在前幾章，我們討論了兩種取向：戀屍癖和自戀。這兩者最極端的形式不利於生命和成長，會助長衝突、毀滅和死亡。本章我將探討第三種取向，即亂倫性共生，其惡性形式會引發的後果與前兩種取向類似。

對此，我將再次從佛洛伊德理論的核心概念展開闡述，就是對母親的亂倫固著。佛洛伊德認為，這項概念是他建立的科學體系的基石之一，我也認為，他關於「母親依戀」的發現是人的科學（science of man）中最影響深遠的發現之一。但在這個領域，一如我們之前討論過的情形，佛洛伊德將此概念強行納入他的力比多理論架構中，因而限制了它的進一步發展。

佛洛伊德注意到，男孩對母親的依戀有著非同尋常的能量，普通人鮮少能完全克服這種依戀。佛洛伊德發現，它會導致男性與異性的交往能力受損，導致男性的獨立性被削弱，導致男性意識層面的目標與被壓抑的亂倫依戀之間發生衝突，而引發各種精神官能症。佛洛伊德認為，在男孩對母親的依戀背後發揮作用的是生殖器力比多（genital libido）的力量，它使男孩對母親產生性欲，並把父親視為性競爭對手而心生仇視。但是鑑於父親這位競爭對手力量比他更強大，小男孩會壓抑亂倫欲望，並對父親的命令和禁令產生認同。但在無意識中，他被壓抑的亂倫欲望會流連不去，雖然只有在較病態的個案才會表現出高強度欲望。

至於小女孩的情形，佛洛伊德在一九三一年承認，他之前低估了女孩對母親依戀的持久性。有時候，這段依戀期「占據了早期性發展很長一段時間。……這些事實表明，女性的前伊底帕斯期（pre-Oedipal phase）比我們之前所認為的更加重要。」他繼續說：「我們之前認為伊底帕斯情結（戀母情結）是精神官能症的核心，現在看起來不得不撤銷這項論斷的普遍有效性。」然而他又補充說，倘若有人不願接受這項修正也無妨，因為我們可以「擴大伊底帕斯情結的內容，使之涵蓋孩子與雙親的所有關係。」或者也可以認為：「女性只有超越由消極性情結主宰的第一階段之後，才能進入正常的伊底帕斯狀態。」他總結道：「我們對小女孩前伊底帕斯期的洞見為我們帶來驚喜，就好比考古學家繼古希臘文明之後又發現了米諾斯—邁錫尼文明。」[1]

在上一段話中，佛洛伊德其實已經含蓄地承認了，對母親的依戀在兩性的最早期發展階段都很常見，可與前希臘文化時期的母系社會特徵相提並論。但他並沒有貫徹這條思路。首先，他有些自相矛盾地總結道，孩子對母親的伊底帕斯依戀階段（或許可稱之為前伊底帕斯階段），在女性身上要遠比在男性身上重要。其次，他只從力比多理論角度來理解小女孩的前伊底帕斯階段。不過，當他提到以下看法時，已經接近於超越力比多理論：他指出很多女性都抱怨母乳餵養期不夠長，讓他不由得懷疑：「如果我們分析那些吮吸母乳期與原始人嬰童一樣長的兒童，也許就不會遇到類似的抱怨了。」結果他以一句話打發了這個問題：「兒童力比多是多麼貪婪啊！」[2]

男孩和女孩對母親的前伊底帕斯依戀，與男孩對母親的伊底帕斯依戀，兩者在性質上是不同的，根據我的經驗，前者的現象更為重要，相較之下，小男孩的生殖器亂倫欲望相對次要。我發現，男孩或女孩對母親的前伊底帕斯依戀是演化過程

1 S. Freud, *Collected Papers*, Vol.V, pp.254-255.

2 佛洛伊德明確反對梅蘭妮．克萊因（Melanie Klein）所認為的，伊底帕斯情結最早可在嬰兒出生後的第二年出現。（同上，頁二七〇）

的核心現象，也是精神官能症或精神病的主要病因。與其把它界定為力比多的外在表現，我更傾向把重心放在對其性質的描述上，不管我們使否使用「力比多」這個術語，這項性質與男孩的生殖器欲望都完全不是同一回事。在前生殖器（pre-genital）的意義上，「亂倫」欲望是男性或女性最基本的激情之一。它包括人想要得到保護的欲望，得到自戀性滿足感的欲望；包括想要擺脫責任、自由、覺察所具有的風險的渴望；包括對無條件的愛的渴望，這種愛不會期待他以愛來回應。嬰兒確實通常具有這些需要，母親則是滿足這些需要的人。若非如此，嬰兒將無法存活。他不能自理生活，無法自食其力，這種愛與照顧不是基於嬰兒本身的優點，而是基於嬰兒的需要。如果滿足他需要的不是母親，就是由另一個能執行母親功能的女性來滿足，例如祖母或阿姨——沙利文（H. S. Sullivan）稱之為「母職人物」（mothering person）。

但是，嬰兒需要一位「母職人物」這個顯而易見的事實卻掩蓋了另一個事實：不僅嬰兒有無力感和渴望確定性，成年人在很多方面也很無助。沒錯，成人有工作能力，可完成社會指派給他的各項任務，但他也比嬰兒更清楚地意識到生命的各種威脅和風險。他知道有些自然力量和社會力量他控制不了，知道有些意外事故他無法預知，知道有時疾病和死亡他無法避開。在這種情況中，還有什麼比狂熱渴望一種能帶來確定性、保護和愛的力量更自然的呢？這種渴望不只是他對母親的渴望的「重複」，它之所以會產生，是因為就算他已經成年，那種使嬰兒渴望母愛的環境仍然存在，儘管層次不同。倘若人（不管男女）在有生之年都能找到「母親」，生命將不會背負那麼多危險和悲劇。我們應該對人不顧一切地追求這種海市蜃樓感到意外嗎？

然而，人多少也明白，失去的樂園是不能復得的。他多少明白自己註定要活在不確定性和危險之中，必須依靠自己的努力，只有充分發展自己的能力才能獲得一點點力量和膽識。因此，從誕生伊始，他就受到兩種傾向的拉扯：一種傾向是走向光明，一種是倒退回子宮；一種是嚮往冒險，一種是祈求安定；一種是追求獨立，一種是追求保護和依賴。

從遺傳學角度看，母親是提供保護和保證確定性的力量的第一化身。但她絕非唯一化身。當孩子逐漸長大，母親常常會被家庭、氏族、所有與這個孩子血脈相連和誕生在同一片土地上的人替代或補充。再後來，當群體規模增大，種族、民族、宗教或政黨變成了「母親」，保證給成員提供保護和愛。在較原始取向的人看來，大自然——地球和海洋——也是「母親」的偉大代表。母親功能從真實母親轉移到家庭、氏族、民族或種族，會有著如同我們在前面談過的、從個人自戀轉變為群體自戀一樣的好處。首先，每個人的母親都很可能比子女早離世，因此對母親型人物的需要是持續不斷的。再者，僅對自己母親效忠會讓人陷入孤立，因為每個人的母親不同。然而，倘若整個氏族、民族、種族、宗教或上帝，能成為眾人共同擁有的「母親」，那麼「母親崇拜」就會超越個人，將他與所有崇拜同一位「母親偶像」的人聯合起來。如此一來，大家都不必因為把母親奉為偶像而感到難堪，稱頌群體成員共同擁有的這位「母親」會令他們團結一心，消除所有的嫉妒。崇拜母神（Great Mother）的許多教派、聖母馬利亞的信眾、民族主義和愛國主義的信眾，都見識到這種崇拜是何等強烈。我們很容易從經驗證明，那些對母親有強烈固著的人，和那些與民族、土地和血緣的牽絆異常緊密的人之間，有密切的對應關係。[3]

有關性因素在母親固著中發揮的作用，我們需略作補充。在佛洛伊德看來，小男孩會被母親吸引，性因素有著決定性作用。他得出這個結論是基於兩個事實的結合：其一，男孩被母親所吸引；其二，他早期就存在生殖器欲望。佛洛伊德用後者來解釋前者。毫無疑問的是，在很多個案中，小男孩對母親有性欲，小女孩對父親有性欲。但是，撇開「父母的誘惑是這些亂倫欲望非常重要的原因」這事實不論（佛洛伊德看到這項事實但又加以否認，後來由費倫齊〔Sándor Ferenczi〕重拾和加以發展），兒童的性欲實際上並不是母親固著的原因，而是其結果。此外，我們在成人夢裡看到的亂倫性欲通常是對一種更深的退行（regression）的防禦：透過肯定自己的男性性徵，這個男人實際在自我防衛，在對抗自己想要回到母親乳房或子宮去的欲望。

同樣問題的另一層面是女兒對母親的亂倫固著。就男孩而言，對「母親」的廣義固著和任何可能進入這段關係的性因素是一致的。女孩就不是這樣了。她在性方面受到的吸引應是來自父親一方，而她的亂倫固著——我們所說的亂倫固著——卻

3 值得一提的是，西西里的黑手黨雖是一個排除女性的男性祕密幫會，其成員卻稱黨為「媽媽」。

是指向母親。這種不一致清楚地顯示，即便是對母親最深的亂倫固著，也能在不帶一絲性刺激的情況下存在。有大量臨床證據可證明，女性對母親亂倫固著的強度不亞於男性。

對母親的亂倫固著，在很多時候不僅意謂著當事人渴望母親的愛和保護，也意謂著畏懼母親。這種畏懼首先是對母親的依賴所造成的後果，依賴會削弱人的力量感和獨立感；也可能是畏懼倒退回幼兒或返回母親子宮，我們在深度退行的個案中可以看到這些傾向。這些願望把母親變成危險的食人狂或破壞性十足的惡魔。然而必須補充的是，這種恐懼很多時候主要不是當事人退行性幻想的結果，而是因為他的母親在現實中就像個食人族、吸血鬼，或是個具有戀屍癖的人。如果兒子或女兒是在這種母親的養育下長大，那麼他或她將無法擺脫被母親吃掉或毀滅的強烈恐懼。這種恐懼可能會把人逼向精神失常的邊緣，在此情況下，唯一能克服它的是切斷與母親的關係。然而由這種關係所產生的恐懼，同時也是當事人極難斬斷關係的原因。由於他仍然受困於對母親的依賴之中，他的獨立性、自由和責任感會被削弱。4

至此，我已對母親的非理性依賴和畏懼的性質做了一番闡述，要以此自外於佛洛伊德所說，性連結是亂倫欲望的核心。但是，這問題還有另一個面向，存在於我們迄今已討論過的另一個現象，那就是亂倫情結內的退行程度（degree of regression）。這裡我們同樣可以區分「母親固著」的良性形式和惡性形式：前者非常溫和，乃至幾乎不能被稱為病態；後者我稱為「亂倫共生」。

在良性層次，我們會看到一種經常出現的母親固著形式。這種人需要一個女人來安撫他、愛他、崇拜他；他想要母親般的呵護、餵養和照顧。倘若他得不到這種類型的愛，他很容易感到輕微的焦慮和抑鬱。這種母親固著的強度較輕時，不會損害他的性能力或情感能力，也不會損害他的獨立性和人格完整性。我們甚至可以認為，大多數男性在成年之後仍然存有一點固著和欲望，想要在一個女人身上找到幾分類似母親的地方。然而，倘若這種連結的強度過大，我們通常會看見某些性欲

4　在某些重要層面，我的觀點與榮格相似，他是第一個把亂倫情結從狹隘的性框架中解放出來的人。至於我與榮格的許多根本分歧，限於篇幅，此處不予論述。

和情感性質的衝突和症狀。

第二個層次的亂倫固著要嚴重得多，精神官能症程度也深得多。（這裡談到的不同層次只是一種權宜的表達方式。實際上存在的不是三個不同的層次，而是一個連續體，其中最溫和的亂倫固著逐漸過渡至最惡性的形式。此處描述的幾個層次僅僅是這個連續體的理念節點。若要討論得更加詳盡，則每個層次都可以再細分為若干「次層次」。）處於這個層次的母親固著的人沒能發展出自己的獨立性。在較不嚴重的形式中，當事人會時刻需要一位「母職人物」隨侍在側，任勞任怨，可供無條件地依賴。在較嚴重的形式中，我們可能會看見一個男人娶一個嚴厲的母親型女人為妻。他感覺自己像個囚徒，凡不是為這位「妻子—母親」服務的事他都無權去做；他常常畏懼她，唯恐她生氣。他很可能會無意識地反抗，之後又心生愧疚，最後是更加順從地屈服於她。這種反抗可能具體表現為性不忠、情緒憂鬱、爆怒、出現身心失調症狀或全面性的阻撓妨礙態度。這個人可能還會對自己的男子氣概產生深深的懷疑、出現性功能障礙（如陽痿），或產生同性戀傾向。

與上述由焦慮和反抗主宰的情況不同，有一種母親固著是混合了魅惑性的男性自戀態度（seductive male-narcissistic attitude）。這種人在幼年時期往往感到母親喜歡的是他而不是父親，感到母親欣賞他而藐視父親。因此，他發展出一種強烈的自戀，覺得自己勝過父親——更精確地說是勝過任何男人。這種自戀讓他覺得沒必要做太多事或做任何事來證明自己的偉大。他的偉大乃是建立在他和母親的關係上。因此，他整個自我價值感都是靠無條件和無限度地欣賞他的女子來維繫。他最大的恐懼莫過於得不到他看上的女人的崇拜，因為這種失敗會威脅到他自戀性自我評價的基礎。他畏懼女性，然而這種畏懼與上一種情況相比沒那麼明顯，因為這個層次的固著乃是由給予他男子氣概形象的自戀性—魅惑性態度所支配。然而，與其他類型的強烈母親固著一樣，這種類型的固著，如果當事人除了對母親型人物以外還對其他人（不管男女）產生愛、興趣和忠誠，他將會有犯罪感。他甚至不應該對其他任何人或任何事產生興趣，包括工作，因為母親需要獨占性的忠誠。倘若他對某些事物感興趣，就算這興趣再怎麼無害，他通常也會良心不安，或者他最後會變成不能忠於任何人的「叛徒型」人物，因為他不能對母親不忠。

以下是母親固著者的典型夢境：

一、有個男人夢見獨自一人在海灘。一個年邁的女人朝他走來，面露微笑。她示意他可以吸食她的乳汁。

二、有個男人夢見一個強有力的女人捉住他，把他舉到一處深澗的上方後鬆手。他墜落而死。

三、有個女人夢見自己正與一男子會面，突然出現一個女巫，做夢人嚇得魂不附體。男人掏出一把槍，殺死了女巫。做夢人拔腿就跑，害怕被人撞見，並招手示意男人跟她一起逃跑。

這些夢幾乎無需解釋。第一個夢境的主要元素，是希望得到母親的悉心照料。第二個夢境的主要元素，是害怕被強大的母親毀滅。第三個夢境中，女人夢見自己如果愛上一個男人，她母親（女巫）就會毀掉她；只有她母親死了，她才能解脫。

對父親的固著又是怎樣的呢？毋庸置疑，這種固著在男性和女性身上都存在，而在女性身上有時會摻雜著性欲。但人對父親的固著似乎從未發展到固著於「母親—家族—血親—大地」的深度。在某些特殊情況下，父親當然也可以成為一個「母職人物」，但他的功能通常與母親不同。母親在孩子誕生之後第一年的悉心照料，讓孩子有被保護的感覺，這種感覺是一個有著母親固著情結的人，其永恆欲望的一部分。嬰兒的生命取決於母親——因此，她能賜予生命，也能取走生命。母親型人物既是生命的賜予者也是生命的摧毀者，既是被愛著的人也是被畏懼的人。[5]父親的功能卻不一樣。他代表著人定的律法和秩序、各種社會規則和責任，而且他還是獎懲功過的人。他的愛是有條件的，照他的要求去做便能得到。由於這個原因，固著於父親的人更有希望透過順從父親的意願獲得他的愛，但無條件的愛、確定性和受保護所帶來的欣快感幾乎不存在於固著於父親之人的經驗中。[6]我們也極少在父親固著的人看到深度的退行（regression）。我們接下來要闡述的正是出現在母親固著中的深度退行。

5 例如，印度教女神時母（Kali）便同時具有這雙重角色。在夢境中，母親也有時會以老虎、獅子或吃小孩的巫婆的形象出現。

6 我將只會順帶一提以母親為中心和以父親為中心的文化和宗教之間具有何種結構差異。南歐和拉美的天主教國家，跟北歐和北美的新教國家，就是很好的對比例子。有關兩者心理差異的討論，可參閱韋伯（Max Weber）的《新教倫理與資本主義精神》和拙著《逃避自由》。

母親固著的最深層次是「亂倫共生」。何謂「共生」?程度各自不同，但有一個共同點：以共生形式依戀他人的人，是他依賴的「寄主」(host)的一部分。離開寄主，他就無法生存，如果共生關係受到威脅，他會感到極度焦慮和恐懼。(與寄主分離可能會讓接近思覺失調的患者突然爆發思覺失調症。)我所說的離開寄主就無法生存，不是指必須時時刻刻與寄主形影不離：他或許極少見到寄主，甚至寄主可能已經亡故(在這種情況下，共生關係在某些文化中可能被制度化，而以「祖先崇拜」的形式表現出來)。這種聯繫本質上是基於情感和幻想。對有共生依戀的人來說，要想在自己和寄主之間涇渭分明地弄清楚彼此，就算談不上絕無可能，至少也是非常困難。他認為自己與寄主是你中有我、我中有你，融為一體。共生程度越深，兩者明確分離的可能性就越低。這種分離性的闕如，解釋了為什麼在較嚴重的個案中，說有共生依戀的人「依賴於」寄主是有誤導性的說法。「依賴」以兩個人的明確區分為先決條件，其中一人依賴另一人。在共生關係中，有共生依戀的人時而覺得自己比寄主優越，時而覺得自己比寄主低下，時而覺得自己與寄主平起平坐，但無論何種情形，兩人總是不可分離。實際上，這種合二為一的共生關係最典型的例子，莫過於母親與腹中胎兒的一體關係。胎兒和母親既是兩個人，又是一個人。[7]此外，還會發生一種並不罕見的情形：雙方都共生性地依戀著彼此。在這種情形中，我們面對的是「二聯性精神病」，它會使雙方都意識不到自己的精神病，因為他們共用的體系構成了他們的現實。在極端退行的共生形式中，當事人的無意識欲望實際上就是回到子宮的欲望。通常這種願望會以象徵的形式表現出來，例如希望（或害怕）自己溺斃在大海裡，或者害怕被大地吞噬。這是一種想徹底失去個體性，再次與大自然融合為一的欲望。所以，這種深度退行的欲望是與生存願望相衝突的。想要回到子宮就是想要失去生命。

我一直想說的是，人對母親的依戀，不論是希望得到她的愛還是畏懼她的毀滅性，都要比佛洛伊德認為是基於性欲的「伊底帕斯情結」強烈得多，根本得多。然而還有一個問題存在，那就是我們有意識的知覺與無意識的現實之間的不一致。

7 Cf. M. A. Séchehaye, *Symbiotic Realization* (International Universities Press, 1955)。這是一部描寫某個深受共生固著困擾之患者的傑作。

如果一個男人回憶或想像自己對母親的性欲，他會遇到抗阻（resistance），然而因為他清楚性欲的性質，所以他的意識所不想覺察的只是欲望對象。這與我們此處討論的共生固著有很大的不同：共生固著是想要像嬰兒那樣被愛、失去自己全部的獨立性、再次成為一個嗷嗷待哺的嬰兒，甚至是回到母親的子宮裡去，這些都不是「愛」、「依賴性」甚至「性固著」所能概括的欲望。這些詞語與它們背後的經驗的力量相比顯得蒼白無力。同樣的道理也適用於「對母親的畏懼」。我們都知道畏懼一個人是什麼意思。他可能會責備我們，羞辱我們，懲罰我們。這些我們都經歷過，並且或多或少帶著點勇氣直接面對。但我們知道被關進一個裝著獅子的籠子裡，或被丟進一個爬滿毒蛇的坑裡是什麼感覺嗎？看著自己被逼入絕境，這種讓人備感絕望的恐懼我們表達得出來嗎？然而，對母親的「畏懼」恰恰就是由這種經驗構成。我們日常使用的詞語極難觸及無意識經驗，因而人們常常談他們的依賴或畏懼卻並不真正了解自己在說什麼。足以描述真實經驗的語言，是夢的語言或者神話和宗教中的象徵。如果我夢見自己在大海裡溺水（又伴隨著一種恐懼和至福參半的感覺），或者夢見自己正拚命逃離一頭想要吃掉我的獅子，那麼，我就是在用真正對應我的經驗的語言來做夢。當然，日常語言是和我們允許自己覺察的經驗對應的。但如果我們想要觸及我們的內在世界，就必須設法忘記慣常的語言，轉而使用被忘卻的象徵語言來思考。

亂倫固著的病態程度明顯取決於退行的程度。在最溫和的個案中，當事人除了對女性稍微過度依賴和畏懼外，幾乎沒有病態可言。退行程度越深，依賴和畏懼就越強。在最原始的層次，依賴和畏懼會達到讓人無法神志正常地生活的地步。還有其他病理因素也取決於退行的嚴重程度。就像自戀一樣，亂倫取向跟理性和客觀性相衝突。如果我沒能切斷臍帶，如果我堅持要崇拜象徵確定性和保護的偶像，那麼這尊偶像會被視為聖像，它不能被批評。如果「母親」不可能是錯的，我又如何能客觀地判斷任何與「母親」發生衝突或得不到她贊同的人？當固著對象不是母親而是家族、民族或種族的時候，「固著」這件事對人的判斷力的損害就沒有那麼明顯。因為這些固著被認為是美德，所以強烈的民族固著或宗教固著很容易導致偏頗或扭曲的判斷，但又由於這些判斷是有著同一種固著的人所共有，所以被看成是真理。

除了理性被扭曲，亂倫固著第二個最重要的病態特徵，是無法將他人視為完整的人。只有那些與他有血緣關係或生在同一片土地上的人，才會被他認為是人，而「陌生人」是野蠻人。結果就是，我對自己來說也一樣是個「陌生人」，因為除了以殘缺不全的方式（以部落一員的身分），我無法體驗到我的人性。亂倫固著會損害或摧毀愛的能力，其程度因退行程度的不同而異。

亂倫固著的第三個病態特徵，是它會跟當事人的獨立性和人格完整性發生衝突。與母親和部落緊緊綁在一起的人沒有做自己的自由、沒有自己的信念和選擇忠於什麼的自由。他無法對世界敞開心胸，也無法擁抱它。他總是被困在種族－民族－宗教固著的監獄裡。人只有徹底擺脫所有形式的亂倫固著，才能完整被生出來，有向前邁進和成為自己的自由。

亂倫固著通常不以真實面目示人，換言之它會被合理化，顯得合情合理。固著於母親的人有各式各樣的藉口：「為她服務是我的本分」，或是「她為我做了許多，我一生虧欠她」，或是「她吃盡苦頭」，又或是「她太了不起」。如果固著的對象不是母親而是民族或國家，藉口也類似。其核心概念是：民族或國家給了我一切，或者民族或國家太不同凡響、太了不起。

總而言之，與「母職人物」和她的等值體（家族、部落、民族）保持緊密連結的這種退行傾向，是人人與生俱來、不分男女。它總是不斷與相反的傾向——出生、進取和成長——發生衝突。在個人能夠正常發展的情況下，得勝的會是成長的傾向。但在嚴重病態的情況下，共生連結的退行傾向會是勝利的一方，它會導致當事人或多或少陷入全面的失能。佛洛伊德認為任何兒童身上都有亂倫欲望的看法是完全正確的。但這個概念的重要意義卻超出了佛洛伊德自己的設想。亂倫欲望主要不是性欲的結果，而是人最基本的傾向之一。這傾向源自他想要與自身所來之處維持原有聯繫的願望，源自他對自由的害怕，源自他恐懼他會被那個他為之放棄一切獨立性的人所毀滅。

現在，我們有基礎可以對本書所討論的三種傾向進行比較，看看它們彼此之間的關係如何。在不那麼嚴重時，戀屍癖、自戀和亂倫固著是截然不同的，而具備其中一種取向的人往往沒有其他兩種取向。同樣地，這三種傾向的非惡性形式都不會嚴重損害個體的理性能力和愛的能力，也不會引起強烈的破壞性。（美國總統小羅斯福是一個例子。他是個兼有溫和母親固著、溫和自戀和強烈愛生性的人。反之，希特勒幾乎完全是個有戀屍癖、自戀和亂倫固著的人。）但這三種取向的惡性程度越高，越容易匯聚一處。首先，亂倫固著和自戀之間關係非常緊密。當一個人尚未完全脫離母親子宮或母親乳房時，他並不享有與人交往或愛人的自由。他與母親（作為一體）是其自戀的對象。這一點我們可以在個人自戀轉變為群體自戀時看得最清楚。我們可以清楚看見亂倫固著和自戀在其中是混合的。正是這種特殊的混合解釋了各種民族狂熱、種族狂熱、宗教狂熱和政治狂熱的力量和非理性。

亂倫共生和自戀最原始的形式是與戀屍癖結合在一起的。渴望回到子宮和過去，也就是渴望死亡和毀滅。如果將戀屍癖、自戀和亂倫共生的極端形式混合起來，我們就可以稱之為「衰敗症候群」。罹患此症候群的人絕對是邪惡的，因為他背叛生命與成長，是死亡和殘缺的忠實信徒。「衰敗症候群」有據可查的最典型的例子是希特勒。正如我前文所言，他深受死亡和毀滅的吸引；他是個極度自戀的人，對他來說唯一的真實是他自己的願望和想法。他還是個極度亂倫取向的人。不管他與母親的關係如何，他的亂倫取向主要表現在他對他所屬的種族、對與他同一血緣的人的狂熱忠誠。他對一個念頭陷於癡迷：阻止德意志民族被毒害。就像他在《我的奮鬥》一書中所說的，他首先要把德國人從梅毒中拯救出來，其次是要讓德國人免於被猶太人污染。自戀、死亡和亂倫是致命組合，把希特勒那樣的人變成人類和生命的死敵。這種三合一特徵在休斯（Richard Hughes）的《閣樓上的狐狸》（*The Fox in the Attic*）中有扼要描述：

> 當性行為的本質就是承認一個「他者」（Other）的時候，希特勒那個永不喪失的一元性「自我」怎麼可能會屈服於性行為呢？我指的是，這樣做是否會損害他堅定的信念？即他是這世上獨一無二的感知中心，是宇宙意志唯一真實的化身。這正是他擁有超凡內在「力量」的根本原因：希特勒獨自存在。「唯吾存在，別無他人。」這宇宙中，除他之外並無任何人，都只是物。因此對他來說，一切「人稱」代名詞都徹底喪失常態下具有的情感內涵。這讓希特勒肆意妄為、無所顧忌：這對從建築師搖身變成政治家的他來說再自然不過，因為在他即將要處理的新事物中，不存在任何實質性區別：這些「人」只是仿效他的「物」，與其他工具和石頭屬同

一個範疇。所有的工具都有把手，而「人」這一種裝的是耳朵。愛石頭、恨石頭或憐憫石頭（或是告訴石頭真理）是荒謬的。

所以，希特勒的狀態是一種罕有的不健全人格狀態，是一個幾乎沒有半影（penumbra）、沒有模糊地帶的自我。說罕見和不健全，是因為這個「自我」雖然反常，卻存活在一個其他方面成熟、臨床意義上頭腦正常的人身上（以新生兒而言，這毫無疑問是個足夠正常的開端，甚至會留存到幼兒時期）。如此，希特勒的成年「自我」發展成一個更大、但結構仍然沒有分化的東西，就像惡性腫瘤……

這個備受折磨、精神錯亂的生物[8]在床上輾轉反側……

「黎恩濟之夜」（Rienzi-night）——希特勒看完歌劇《黎恩濟》之後登上費因堡（Freinberg）俯瞰林茲[9]的那個夜晚——無疑是他少年時期最重要的一晚，因為正是這個時候，他第一次確認自己擁有獨一無二的全能。在茫茫夜色中被驅策著一路登高，塵世間一切王國難道不是剎那間在他眼前一覽無遺嗎？面對古老的福音書疑問，他難道不是整個人都在說「好」嗎？[10]他難道不是在那十一月的星辰見證下，在高山之上簽下了永恆契約嗎？然而如今……如今，當他似乎像羅馬護民官黎恩濟一樣乘風破浪、被不可抵抗的浪頭送往柏林時，那浪頭卻開始捲曲：它捲曲、碎裂、傾覆，把他狠狠摔下，摔到碧綠、咆哮的深水裡。

他絕望地在床上翻來覆去，大口喘氣——他溺水了（希特勒最恐懼的莫過於此）。溺水？然則……許多年前在林茲的多瑙河橋上徘徊、想自尋短見的那個鬱鬱寡歡的少年……真的已經躍入水中，那之後的所有一切不過是夢。如今這海浪聲就是強大的多瑙河在他做著夢的溺水耳朵裡唱著歌。

在環繞著他的綠瑩瑩水光中，一張死人的臉向他漂來。這張臉上下顛倒，有著一雙像他那樣微微鼓突的眼睛。那是他死去母親的臉，他最後一次看見她死不瞑目地躺在白色枕頭上的時候就是這個樣子。死去的、慘白的、空洞的臉，儘管它曾

8 譯註：指希特勒。

9 林茲（Linz）：奧地利北部城市。據稱，少年時期的希特勒曾在林茲欣賞華格納創作的歌劇《黎恩濟》。

10 譯註：《馬太福音》記載，魔鬼把耶穌帶上一座最高的山，將世上的萬國和萬國的榮耀都指給他看，對他說：「你若俯伏拜我，我就把這一切都賜給你。」

給過他愛。

可是如今這臉卻變成許多張，在水中圍著他。這麼說來，母親就是這片水了，這片水要溺斃他！

想到這裡，他不再掙扎。他把雙膝靠在下巴，保持這種身在母體中的最初姿勢一動不動，任由自己溺水。

就這樣，希特勒最終昏昏睡去。[11]

在這短短幾個段落中，「衰敗症候群」的所有要素就如數呈現——只有偉大的作家才有此本領。我們看到了希特勒的自戀、他對溺斃的渴望（水是他母親的象徵），還有他對死亡的喜愛（以他亡母的臉為象徵）。他把雙膝靠到下巴這種原初姿勢，則象徵著他倒退回到子宮裡。

希特勒只是「衰敗症候群」的突出例子之一。很多人靠著暴力、仇恨、種族主義和自戀性質的民族主義繁榮昌盛，也有不少人深受其苦。他們是暴力、戰爭和毀滅的領袖或「忠實信徒」（true believer）。這些人當中，只有最失衡、病態程度最深的人，才會明確說出自己的真實目的，甚至能明確意識到這些目的。他們易於把自己的這種傾向合理化為對祖國的熱愛、責任、榮譽等等。但在正常的文明生活瓦解，例如發生世界大戰或內戰時，這種人便不再需要壓抑其最深的欲望。他們會為仇恨大唱讚歌；在能為死亡效勞的時候，他們會變得精神抖擻，釋放出所有的能量。確實，戰爭和暴力的氛圍是患有「衰敗症候群」的人最如魚得水的時候。最可能出現的情況是，只有一小部分人會被這種症候群驅動。然而，不管是這些人還是其他不太受驅動的人，都意識不到自己真實的動機是什麼，正是這個事實才讓他們在暴動、衝突或戰爭時變成一種傳染病——仇恨病——的危險帶原者。因此，很有必要認出他們的真面目：他們是愛死亡的人，他們是害怕獨立的人，對他們來說，只有自己的群體的需要才具有真實性。我們沒必要把他們像痲瘋病人一樣隔離：正常人只需要了解他們的殘缺和他們道貌岸然背後的惡性，便能對他們的病態影響獲得某種程度的免疫。當然，為了做到這一點，我們必須學會不直接把言詞等同事

---

11 Richard Hughes, *The Fox in the Attic* (New York: Harper & Row, 1961), pp.266-268.

實，以及看穿那些罹患人類專有疾病的人才會說的謊話，那種疾病便是「在生命消失之前否定生命」。12

對戀屍癖、自戀和亂倫固著的分析，啟發我們想要討論與佛洛伊德理論相關的觀點，儘管因篇幅所限，只能簡要進行。

佛洛伊德的思想以力比多的發展階段為基礎，這些發展階段先後經歷自戀型性格取向、口腔―接受型性格取向、口腔―攻擊型性格取向、肛門―施虐型性格取向、陰莖型性格取向和性徵型性格取向。在佛洛伊德看來，最嚴重的精神疾病的病因，是人對力比多最早期發展階段的固著（或退行）。所以，例如退行至口腔―接受型層次，比退行至肛門―施虐型層次，被認為是更嚴重的病態現象。然而，從我的經驗看來，這項總體原則並非來自直接觀察得到的臨床事實。與肛門型取向相比，口腔―接受型取向與生命的關係更為密切，因此一般說來，肛門型取向看來比口腔―接受型取向更容易導致嚴重的病態。此外，口腔―攻擊型取向看來也比口腔―接受型取向更容易導致嚴重的病態，因為其中涉及施虐癖和破壞性的成分。如此一來，我們會得到幾乎與佛洛伊德理論完全相反的結論：程度最輕的病態與口腔—接受型取向有關，更嚴重的病態與口腔—攻擊型取向和肛門—施虐型取向有關。佛洛伊德認為，從遺傳學角度講，人的發展順序是從口腔—接受型取向，到口腔—攻擊型取向，再到肛門—施虐型取向。假設這項觀點是正確的，那麼我們就無法同意佛洛伊德所認為的，更早期階段的固著會引發更嚴重的病態。

然而，我認為這個問題不能透過演化論的假設來解決，即早期的取向是更多病態表現的根源。在我看來，每一種取向本身都存在多個層次的退行，從平常的到最原始的病態層次都包括在內。例如，如果口腔—接受型取向與總體上成熟的性格結構（即具有很高創造性的性格結構）結合，退行會是溫和的。另一方面，如果它與高度自戀和亂倫共生結合，則口腔—接受型取向會讓人產生極端依賴性和惡性精神異常。在幾乎算得上平常的肛門型性格和戀屍癖性格之間，情形亦復如此。因此我主張，不應該根據力比多發展的不同層次決定病態的程度，而是應該根據退行的

12 我提議進行一項實證性研究，透過「投射性問卷」找出有多少人患有戀屍癖、極度自戀和亂倫固著。問卷可以投放於具有代表性的美國人口樣本。這種做法不僅可讓我們了解「衰敗症候群」的具體情況，也能發現它與其他因素的關係，如社會—經濟地位、教育、宗教信仰和祖籍等。

程度，這種程度可以在每種取向（口腔—接受型取向、口腔—攻擊型取向等）的內部得到確定。還要記住的是，我們探討的不僅是被佛洛伊德視為根植於各自性感帶的取向（同化模式〔modes of assimilation〕），還涉及各種個人關聯的形式（如愛、破壞性、施虐—受虐癖），後者與各種同化模式有著一定的相似性。[13] 因此，例如口腔—接受型取向與亂倫型取向存在密切關係，肛門型取向與破壞型取向存在密切關係。我在本書中探討的，是關聯性範圍內的各種取向——自戀、戀屍癖、亂倫取向——的「社會化模式」（modes of socialization），而不是同化模式，但這兩種取向模式之間具有相關性。有關戀屍癖與肛門型性格的相似性，本書已經做出了較為詳盡的論述。愛生性與「性徵型性格」之間，以及亂倫固著與口腔型性格之間，同樣有著這種相似性。

我一直設法顯示，本書探討的三種取向可以出現在不同的退行層次上。每種取向的退行程度越深，三者越容易匯聚在一起。在極度退行的狀態下，它們匯聚成我所謂的「衰退症候群」。另一方面，在達到最成熟發展程度的人身上，也往往有三種取向匯聚在一起。戀屍癖的對立面是愛生性，自戀的對立面是愛，亂倫共生的對立面是獨立性和自由。後三種取向的綜合，我稱之為「成長症候群」。以下是這個概念的示意圖：

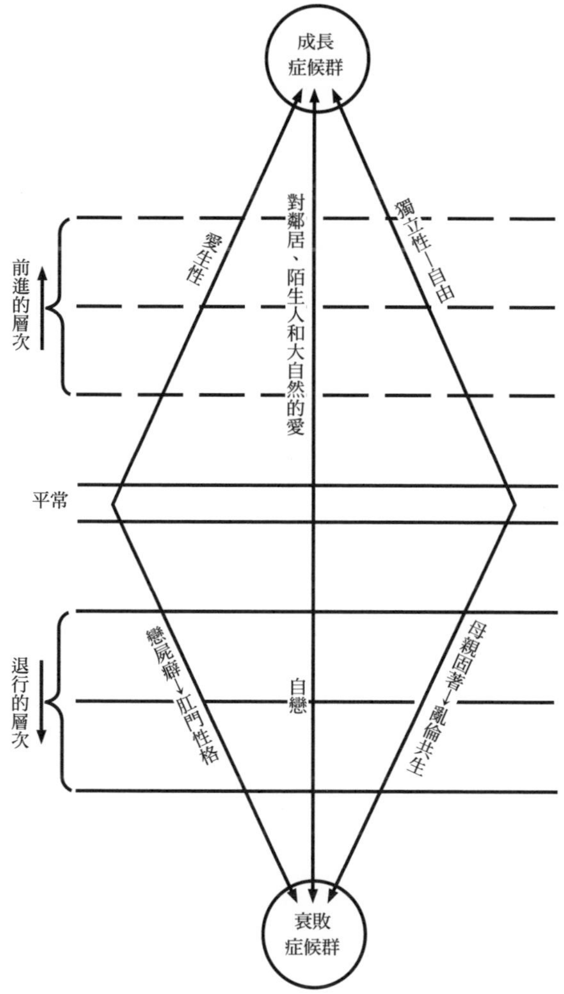

13 Cf. E. Fromm, *Man for Himself*, pp.62 ff.

第六章

自由、決定論與取捨論

人在任何時刻都有選擇向善、行善的自由嗎？
又或是由於他受到內在和外在的各種力量所左右，
因而並不具備這種選擇的自由？

在討論過破壞性和暴力的一些經驗性問題之後，我們大概已有了較充分的準備，可以重拾在第一章留下的線索。讓我們回到這個問題：人是性善還是性惡？是自由的還是為環境所決定？又或許，這些選項都是錯的，人既非這般也非那般，或者既是這般也是那般？

要回答這些問題，最好的辦法是從討論另一個問題入手：人是否有本質或本性可言？如果答案是肯定的，則人的本質或本性該如何界定？

對於人是否有本質可言這個問題，有兩種相互對立的觀點。一種觀點說沒有人的本質這回事。人類學的相對主義派（anthropological relativism）便是持這種看法，他們認為人只是各種文化模式的產物，認為是文化模式塑造了人。另一種觀點是本書對破壞性的經驗探討所奠基的觀點，是佛洛伊德和很多其他人所秉持的看法：有人的本性這回事可言。事實上，所有的動力心理學（dynamic psychology）都是以這個前提為基礎。

要為人的本性找到一個令人滿意的定義之所以困難，在於以下的兩難處境：如果我們假定存在著某種構成人的本質的實體（例如善或惡），就被迫陷於一種非演化、非歷史的立場，得主張人自從誕生伊始就不曾發生任何基本變化。這種觀點很難與下述事實吻合：在我們最不開化的祖先與過去四千至六千年前出現的文明人之間有著巨大的差異。[1]另一方面，倘若我們接受演化的概念，因而相信人是不斷發生變化的，那麼還剩下什麼內容來構成我們所說的人的「本性」或「本質」呢？這種兩難困境同樣無法透過下列對人的「定義」得到解決：「人是一種政治動物」（亞里斯多德）、「人是能許諾的動物」（尼采），或者「人是運用遠見和想像力從事生產的動物」（馬克思）。這些定義說的都是人具有的基本品行或才能，並沒有涉及人的本質。

我認為，有一個方法可以跳出這種困境，就是並非將人的本質界定為特定的性質或實體，而是界定為一種人與生俱來的矛盾。[2]這種矛盾主要體現在兩方面的事實：

一、人是一種動物，但與其他一切動物相比，人的本能裝備是不完善的，不足以保證他的生存，除非他創造方法來滿足自己的物質需要，並發展語言和工具。

二、人就像其他動物一樣具備智力，這使他得以利用思維過程實現各種直接和實際的目標。但人還具有其他動物欠缺的另一種心智特性：他能意識到自己、意識到他的過去和未來（未來的盡頭是死亡）；他能意識到他的渺小和無力；他能意識到他人是他人——友人、敵人或陌生人。人類超越了所有其他生物，因為這是人第一次意識到生命本身。人身在大自然之中，受制於大自然的種種指令和偶然，然而他又超越大自然，因為他不像動物那樣對大自然渾然不覺（動物與大自然則渾然一體）。人面臨的可怕衝突在於，他一方面是大自然的囚徒，另一方面又能自由馳

1　馬克思尤其為這種兩難所困擾。他用過「人的本質」的說法，不過在《一八四四年經濟學哲學手稿》（*Economic and Philosophical manuscripts of 1844*）之後棄而不用，改為使用「不殘缺的」之類的表述，這其實預設了有可能變得殘缺的人之本性的概念。（在《資本論》第三卷中，他仍然使用「人性」這個概念，談到沒有異化的勞動是「最合乎人性和與之最相稱」的條件。）另一方面，馬克思強調人在歷史進程中創造了自己，甚至一度強調人的本質是身在其中的一切社會關係的總和，除此之外別無其他。顯而易見的是，馬克思不想放棄人的本性這個概念，但他又不想退而求其次地使用一種非歷史、非演化的概念。事實上，馬克思不曾徹底解決這個難題，因此也沒有得出人的本性的定義，所以他在這個問題上的論述仍然多少有些模糊和矛盾。

2　我在《健全的社會》中以數頁篇幅闡述了這項觀點。此處我不得不以濃縮方式略作重述，否則本章的主要內容會缺乏基礎。

騁思想；他是大自然的一部分，卻又是大自然中的怪胎；他既不在大自然之中，也不在大自然之外。人類的自我意識讓他成了世界中的陌生人，獨來獨往、形單影隻且惶恐不安。

到目前為止，我所描述的矛盾，本質上與人既是身體又是靈魂的傳統觀點相同。傳統觀點認為人兼具身體和靈魂，同為天使和野獸，屬於相互衝突的兩個世界。但是，現在我要指出的是，僅僅認識到這種矛盾是人的本質——換言之，是認識到這種矛盾使人之所以成為人——還不夠。我們有必要在上述的基礎上更進一步，認知到人身上所存在的這種矛盾需要一個解方。隨著「人身上存在矛盾」這一論述，會產生一些疑問：為了解決這種與生俱來的恐懼，人能做什麼呢？人如何才能找到一種和諧，讓他可以從孤單的折磨中解脫出來，可以讓他對世界感到自在並產生連結感？

對於這些問題，我們必須給出不是理論性的解答（儘管它會反映在有關生命的各種觀點和理論中），而是關係到人的整個存在、關係到他的情感和行為的解答。這個解答或好或壞，但即使是最壞的解答也勝於沒有解答。所有的解答都必須滿足同一個條件，那就是必須幫助人克服他的分離感，獲得連結感、一體感和歸屬感。對人生而為人這個事實所提出的問題，可有的解答很多，我將在下文簡要論述。我要再一次強調，這些解答無一構成人的本質。構成人的本質的，是問題本身和尋找解答的需要。人類採取的不同生存形式不是人的本質：它們只是對衝突的解答，而衝突本身才是人的本質。

關於追求超越分離性並獲得連結性的第一個可能解答，我稱其為退行性（regressive）解答。人要想找到連結，要想從孤單和不確定性的恐懼中解脫出來，他可以設法回到他的來處：回到大自然、回到動物性生活，或重返祖先的生活方式。他可以設法屏棄那些使他成為人、同時又讓他深受折磨的事物，例如他的理性和自我認識。這看來是人千百年來都在做的事。原始宗教的歷史見證了這種嘗試，出現在個人身上的嚴重精神機能障礙同樣是如此。在原始宗教和個人心理的種種形式中，我們發現同一種嚴重精神病狀：倒退回動物性存在，倒退回前個體化（pre-individual）狀態，企圖屏棄人類特有的特徵。不過，這種說法必須加上一個但書。如果退行性傾向同時出現在很多人身上，那就是一幅「百萬人精神病」[3]的畫面：

出於他們的共識，蠢言蠢語會顯得是智慧，虛構會顯得是真實。參與這種共有蠢言蠢語的人完全沒有孤立感和分離感，因此逃過了他在一個前進（progressive）社會[4]中會體驗到的強烈焦慮。必須記住的是，對大多數人而言，理性和現實不過就是社會共識。當你的想法並未與眾不同時，你是不會精神錯亂的。

要解決人類的生命難題，除了退行、返古之外，還可以採取前進的辦法（progressive solution）：透過充分發展所有人類的力量來找到新的和諧。前進的辦法是在西元前一五〇〇年至西元前五〇〇年這段非同尋常的人類歷史時期，第一次被人以激進的形式設想出來（在返古、退行的宗教和人本主義宗教之間，有很多宗教作為過渡）。這種辦法於約西元前一三五〇年透過法老王阿肯那頓（Ikhnaton）的教義出現在埃及，也在同時期透過摩西的教義出現在希伯來人之間。約在西元前六〇〇年至西元前五〇〇年間，同一個觀念受到中國的老子、印度的釋迦牟尼、波斯的瑣羅亞斯德（祆教創立者）、古希臘的哲學家，和以色列的眾先知所宣示。人類的「新目標」——成為一個完整的人並因此重獲失去的和諧——透過不同的概念和象徵被表達出來。阿肯那頓用的象徵是太陽，摩西用的象徵是歷史上前所未聞的上帝，老子稱之為「道」，釋迦牟尼稱之為涅槃，古希臘哲學家稱之為「不動的原動者」（unmoved mover），波斯人稱之為瑣羅亞斯德，眾先知稱之為彌賽亞的「末日」。這些概念很大程度上取決於思維模式，歸根結柢是這些文化各自的社會—經濟—政治結構的反映。雖然這項新目標的具體表達方式由形形色色的歷史環境所決定，但目標本身在本質上是同一個：透過為生命設定的問題提供一個正確解答，來解決人類生命的難題，也就是透過成為完整的人而消除分離的恐懼。當基督教和伊斯蘭教分別在五百年和一千年之後把同樣的思想傳到歐洲和地中海國家時，世界上有一大部分人得知了這個新訊息。然而，人們聽說這訊息後就開始扭曲它：他們不是努力讓自己變成一個完整的人，反而是把上帝和教義當成「新目標」的展現而頂禮膜拜，藉由一個人物角色或言詞來代替他們自身體驗的現實。但與此同時，人們

3 譯註：「百萬人精神病」（*folie à mllions*）一詞是仿「二聯性精神病」（*Folie à deux*）而造。後者指一個有精神病症狀的人將妄想感染另一個人，形成二人性的精神病。「百萬人精神病」則是百萬人共有的精神病。

4 譯註：這裡的「前進」是相對「退行」而言。

也一次又一次地努力回歸純正的目標——這些努力展現在宗教內部，展現在異端宗派，也展現在新的哲學思想和政治哲學中。

這些新宗教和新運動的思想概念儘管各不相同，但關於人的基本選擇則看法一致。人只有兩種選擇：退行或前進。他要麼可以選擇一種返古式的病態解決方案，要麼可以奮勇向前，發展他的人性。表達這種二選一情況的方式有很多種：或表現為光明與黑暗的對比（波斯），或表現為福與禍、生與死的對比（《舊約聖經》），或表現為社會主義理論體系中的社會主義與野蠻主義的對比。

同一個二元選項不僅出現在各種人本主義宗教中，也表現為心理健康和精神病之間的基本差異。我們判斷一個人是否健康，取決於特定文化的一般性參考架構。在條頓狂戰士[5]看來，「健康」的人是能像野獸一樣行事的人，但這樣的人在今天會被視為精神病患者。心理體驗的一切返古形式（戀屍癖、極端自戀、亂倫共生／固著），在退行—返古的文化中會被視為「正常」，或甚至「理想」的類型，因為在這些文化中，人們是由共同的返古欲望連結在一起。但在今天看來，這些類型都是嚴重的精神疾病。這些返古的力量如果程度較輕且遇到阻力，會被壓抑下來，形成「精神官能症」。返古取向在退行性文化和前進性文化中的基本區別在於，具有返古取向的人在返古的文化中不會有孤立感，恰恰相反，他會得到全體共識的支持。但如果這種人置身在一個前進性文化中，情況會截然不同：他會因為心智與所有其他人對立而顯得「心智失常」。事實上，即便在像今天這樣的前進性文化中，很多人仍具有相當強的退行傾向，只不過這種傾向受到正常生活的壓抑，只在特殊情況下，例如戰爭，才會流露出來。

現在讓我們總結一下這些思考對我們一開始提出的問題所帶來的啟示。首先，有關人的本性問題，我們得出的結論是，人的本性或本質不是某種具體的實體（例如善或惡），而是根植於人類生命處境的矛盾。這種矛盾要求解方，而我們基本上只有退行性或前進性兩種方案。人有時候表現出奮發進取的內在驅動，但那不過是尋找新解決方案的動力。在人所到達的任何新的層次，都會出現新的矛盾，迫使他

5 譯註：狂戰士（Berserk）：北歐神話與文學中的一種戰士，能夠進入類似被催眠的狀態，以狂怒的姿態戰鬥。

著手尋找新的解決方案。這個過程會一直持續下去，直到他實現成為完整的人並達成與世界徹底連結的終極目標。人類是否能夠達到徹底「覺醒」這項終極目標，其中貪婪和衝突都消失了（正如佛教所教導），還是如基督教所言的那樣只能在死後達成，不是我們這裡關心的問題。重要的是，在所有的人本主義宗教和哲學思想中，「新目標」是一樣的，而人是抱著他可以不斷接近這項目標的信念生活。（另一方面，如果一個人以退行的方式追求問題的解方，那麼他必然會尋求相當於瘋癲的徹底非人化。）

倘若人的本質既非善、亦非惡，既非愛、亦非恨，而是一種需要尋找新方案解決的矛盾，而新方案又會製造出新的矛盾，那麼人確實可以用退行或前進兩種方式的其中之一解決困境。人類近期的歷史為我們提供很多這種例子。幾百萬德國人（尤其是那些失去錢財和社會地位的下層中產階級）在希特勒的帶領下復燃他們條頓祖先對「癲狂」的崇拜。同樣的情形也見於史達林統治下的俄國人、在南京燒殺擄掠的日本人，和美國南部濫用私刑的暴民。對大多數人來說，返古的經驗形式永遠是真實存在的可能——它是有可能會浮現的。但是，我們有必要區分它現身的兩種形式。其一是返古衝動雖然強烈，但因為它們與特定文明的文化模式存在衝突，所以受到壓抑。在這種情形中，如果遇到戰爭、自然災害或社會解體等特殊情況發生，被壓抑的返古衝動會趁隙奔湧而出。另一種可能是，個人或群體成員的發展已經進入穩固的前進階段。在這種情形中，諸如上述的不幸事件不會輕易導致返古衝動再現，因為這些衝動與其說是被壓抑了，不如說是被取代了。但即便是這種情形，返古的潛在可能性也並未徹底消失。遇到極端情況時，如被長時間囚禁於集中營或身體發生某種化學作用，人的整個心理系統可能會崩潰，返古衝動可能會帶著更新過的力量奔湧而出。當然，在被壓抑的返古衝動和前進性取向完全取代返古衝動這兩個極端之間，存在著無數過渡階段。兩者的比例因人而異，壓抑程度和對自己的返古取向的覺察程度也是因人而異。有些人的返古衝動已經被徹底剷除（不是透過壓抑，而是透過發展出前進性取向），乃至無法倒退回去。同樣地，有些人已經徹底摧毀了發展前進性取向的一切可能，乃至失去了選擇的自由——在這情況下，即失去了選擇前進的自由。

無庸置疑，一個社會的整體風氣會在很大程度上影響每個人在這兩個方向的發展。即便如此，個人仍然可能大大不同於社會整體的取向。如上所言，現代社會有數以百萬計有著返古取向的人，他們在意識層面信仰基督教教義或啟蒙思想，但在這副表面之下，他們是「狂戰士」，是戀屍者，是巴力（Baal）和阿施塔特（Astarte）[6]的膜拜者。他們甚至不一定會體驗到任何衝突，因為他們在思想上抱持的前進性觀念沒有任何分量，在行動上會以隱蔽或遮掩的方式聽憑自己的返古衝動指揮。另一方面，身處返古文化社會中的個人發展出前進性取向的現象也不在少數：這種人會成為領袖，在某些情況下為群體中的大多數人帶來光明，也為整個社會逐漸發生轉變奠定基礎。當這些人擁有非凡的地位、他們的教誨餘韻尚在時，他們會被冠以先知、大師或諸如此類的頭銜。沒有他們，人類永遠都無法擺脫返古狀態的黑暗。不過，他們之所以能夠影響其他人，只是因為在勞動方式的演化中，人逐漸把自己從未知的自然力量中解放出來，發展出理性和客觀性，不再像猛獸或馱畜一樣活著。

適用於群體的道理也適用於個人。每個人的內心都潛伏著我們方才討論的返古取向。只有不折不扣的「惡人」或完完全全的「善人」不再有別的選擇。幾乎每個人都既可能倒退回返古取向，也可能充分前進，發展出全面的個體性。我們稱前一種情況為嚴重的精神病發作，後一種情況為自發的病癒，或人朝著充分的覺醒和成熟轉變。精神病學、精神分析學和各種精神鍛鍊的任務，正是研究什麼情況會讓這兩種發展發生，以及設計出方法來推進可喜的發展並阻止惡性的發展。[7] 對這些方法的介紹超出了本書的範圍，有興趣的讀者可自行在精神分析和精神病學的臨床文獻中尋找。但對我們眼下討論的問題來說，認知到以下這一點很重要：除了一些極端情況，每個個人和群體都有可能在任何時間倒退至最不理性和最具毀滅性的取向，或前進至開明和進步的取向。人既非性善亦非性惡。倘若我們相信善是人的唯一潛能，就會落入扭曲事實的過分樂觀境地，或以痛苦的幻滅結束這種樂觀。倘若我們轉而相信另一個極端，我們就會變成一個憤世嫉俗的人，看不到別人和自己身

6 譯註：古代近東膜拜的神祇。

7 可參見鈴木大拙在其多部著述中宣揚的禪宗思想和修行方式，特別是鈴木大拙與我，以及德・馬蒂諾合著的《禪宗與精神分析》：D. T. Suzuki, E. Fromm, and R. De Martino, *Zen Buddhism and Psychoanalysis* (New York: Harper & Row, 1960)。

上眾多向善行善的可能性。實事求是的觀點會看出兩種可能性都真實存在，並進而研究是什麼條件導致兩者的發展。

這些考量把我們引向思索人的自由。人在任何時刻都有選擇向善、行善的自由嗎？又或是由於他受到內在和外在的各種力量所左右，因而並不具備這種選擇的自由？談意志自由的作品很多，但我覺得沒有比威廉．詹姆斯（William James）的話更適合作為我以下討論的引言。他寫道：「有一種常見的看法現在頗為盛行，那就是有關自由意志之爭可探討的餘地早已窮竭殆盡，除了把人人皆知的那些觀點冷飯熱炒，再無其他新計可施。這著實大錯特錯。我不知道還有什麼別的課題比它更少被深究，或者讓能人志士更能大顯身手、開疆闢土——這不是指強作解人或勉強他人同意，而是就雙方真正爭論的是什麼、就命運和自由意志概念之真正意涵為何的問題，深化我們的理解。」[8]我在下文就這個問題提出的幾項建議是基於以下考慮：精神分析經驗或許能為思索自由提供新的啟示，因此讓我們有一些新的發現。

對自由的探討，傳統方法的不足之處在於缺乏具經驗的、心理學的資料支撐，因此容易流於泛泛之談和抽象之論。如果我們把自由理解為選擇的自由，那麼問題就變成我們是否具有選擇甲或選擇乙的自由。決定論者主張，我們並不自由，因為人就像自然界其他事物一樣，是被各種原因所決定。正如從空中掉落的石塊並沒有拒絕下墜的自由，人也是被迫選擇甲或乙，因為各種動機決定或強迫他選擇甲或乙。[9]

決定論的反對者則持相反立場。他們立足於宗教，主張上帝賜予人類在善惡之間做選擇的自由，因此人有這種自由。其次，他們主張，人若不是自由的，就無法為自己的行為負責。第三，他們認為人擁有身心自由的體驗，而這種對自由的意識即是自由存在的證據。這三點看上去都難以令人信服。第一點要求人信仰上帝，並了解上帝為人類所做的安排。第二點似乎是出於想要把人變得可負責任，因而可

8 William James, "The Dilemma of Determinism", 1884, reprinted in *A Modern Introduction to Philosophy* by Paul Edwards & Arthur Pap. New York: The Free Press, 1957.

9 此處和本書通篇使用的「決定論」一詞，指的是威廉·詹姆斯和當代英美哲學家所說的「強硬決定論」（hard determinism）。這個意義的決定論有別於我們在休謨（Hume）和穆勒（Mill）論著中看到的決定論，後者有時被稱做「溫和決定論」（soft determinism），它主張決定論與人類自由並不相悖。我的立場較接近「溫和派」而非「強硬派」，但與「溫和派」也並非完全相同。

以對他施加懲罰。懲罰這個概念是古往今來大多數社會體系的組成部分，其措施主要是為保護少數的「富人」免受大多數的「窮人」的危害而設，也象徵著當權者手中的懲罰權力。但我們若想懲罰什麼人，對方必須是一個可負責任的人。這一點會讓人聯想到蕭伯納的名言：「絞刑結束了——剩下的只有審判。」第三點論證——人有選擇的自由這種體驗即證明這種自由的存在——已經被史賓諾莎和萊布尼茲徹底推翻了。史賓諾莎指出，我們會產生自由的錯覺，是因為我們會意識到我們的欲望，卻不知道這些欲望背後另有動機。萊布尼茲也指出，意志受到傾向的驅使，而傾向有部分是無意識的。讓人驚奇的是，在史賓諾莎和萊布尼茲之後的大多數討論，都不理會「如果不承認我們是受無意識力量所左右，就無由解決選擇的自由」的問題。所以，這些討論讓我們快樂地相信，我們的選擇是自由的。但除了上述的反對意見，關於意志自由的看法似乎也有悖於我們的日常經驗。無論相信我們有選擇自由的是宗教衛道之士、理想主義哲學家，還是具有馬克思主義傾向的存在主義者，他們這種立場充其量是一種高尚的假定。然而它或許又沒那麼高尚，因為它對個人極不公平。例如，如果一個人在物質和精神貧乏的環境中長大，從未體驗過別人的愛和關心，長年酗酒因而受到酒精制約，絕無可能改變自己的處境——我們能說這樣的人有選擇的「自由」嗎？難道這樣說不是違背事實嗎？難道這不是一種沒有同情心的立場嗎？用二十世紀的語言來說，難道這種立場不就像沙特（Satre）的大部分哲學思想，反映出資本階級個人主義和自我中心的精神，是施蒂納（Max Stirner）的《唯一者及其所有物》（*Der Einzige and sein Eigentum*）的現代版本嗎？

與此相反，決定論則假定人沒有選擇的自由、假定人任何時刻所做的決定，都是由發生在此決定之前的外部和內部事件所引起和決定的。這種觀點乍聽起來符合現實和理性。無論我們把決定論用於分析社會群體和社會階層還是個人，佛洛伊德式和馬克思主義式的分析不是已經顯示了人在對抗具決定性作用的本能和社會力量時，是多麼軟弱無力的嗎？精神分析不是已經顯示，一個不曾擺脫對母親依賴的人會缺乏行動和下決定的能力，會內心軟弱從而被迫越來越依賴母親型人物直到無法回頭為止？馬克思主義的分析不是已經證明，當某個階級（例如下層中產階級）失去財產、文化和社會功能，其成員就會失去希望，倒退回到返古、戀屍癖和自戀的取向嗎？

如果決定論意謂著相信前因後果的關係不可逆轉，那麼在這個意義上，馬克思和佛洛伊德都不是決定論者。他們都相信，某個過程就算已經開始，也有可能出現逆轉。他們都看出來，這種改變的可能性根植於人有能力覺察到在他背後推動自己行動的各種力量，由此使他重獲自由。[10]他們和史賓諾莎一樣（後者對馬克思產生過相當大的影響），既是決定論者又是非決定論者，或者說，既不是決定論者又不是非決定論者。他們都認為，人是被因果律決定的，但是透過產生覺察和採取適當行動，個人能創造和擴大自由的範圍。是否要獲得最佳程度的自由、把自己從必要性的鎖鏈中解放出來，完全取決於個人本身。獲得解放的條件在佛洛伊德看來是對無意識的覺察，在馬克思看來是對社會經濟力量和階級利益的覺察。另外，除了覺察，他們都認為積極的意志和奮力鬥爭是獲得解放的必要條件。[11]

每個精神分析師必定都見過這樣的病人：他們在意識到決定他們生活的趨勢後，能夠透過專注的努力扭轉這種趨勢，從而重獲自由。但我們不需要身為精神分析師才能獲得這種體驗。我們當中有些人在自己或別人身上經歷過同樣事情：被認為是鐵錚錚的因果關係的鏈條被斬斷，讓當事人開啟了「奇蹟般」的人生道路。說它是「奇蹟般」的，因為它跟我們基於當事人過去表現而獲得的最合理預期相矛盾。

對自由的傳統討論方式，不僅因為忽視史賓諾莎和萊布尼茲對無意識動機的發現而蒙受損失，還有其他理由讓這些討論看來純屬徒勞。接下來我將提出我認為其中最重大的幾項錯誤。

錯誤之一，在於我們在談選擇自由時習慣談人（man）的選擇自由，不是談個人的選擇自由。一旦我們籠統地談人的自由，而不是單指個人而言，就會流於抽象，讓問題變得無法解決。原因在於，有些人擁有選擇自由，有些人卻喪失這種自由。倘若我們以所有人而論，就會流於空泛，或流於像康德或威廉．詹姆斯（Wil-

---

10 關於這一點，更詳盡的論述可參見拙著《在錯覺鎖鏈的彼岸》：E. Fromm, *Beyond the Chains of Illusion*, New York: Simon and Schuster, 1962, and Pocket Books, Inc., New York, 1963。

11 古典佛教思想基本上也是這種立場。人受縛於輪迴，但他可以透過覺察自身的存在處境和修行八正道讓自己得到解脫。《舊約》中的眾先知也持類似看法。人是可以在「福與禍、生與死」之間做出選擇，但倘若他在選擇生之時猶豫太久，有可能越行越遠，無法回頭。

liam James）意義下的純粹道德假設。對自由的傳統討論的另一個錯誤，是籠統地談善和惡的問題（從柏拉圖到阿奎納〔Aquinas〕的古典作家尤其如此），就好像一般來說，人可以在善與惡之間做出選擇，並且有選擇善的自由。這種觀點讓討論變得非常混亂，因為在籠統地選擇時，大多數人都會選擇「善」而不是「惡」。然而，這世上根本不存在選擇「善」或「惡」這回事，只存在具體行動之間的選擇：如果善和惡都已經得到恰當的界定，那有些行動就是邁向善的手段，另一些行動就是邁向惡的手段。只有在進行具體的決定而不是籠統地選擇善或惡的時候，我們的選擇才會出現道德衝突。

傳統討論自由的方式的另一個缺點，在於它通常將自由與決定論相互對立，而未著眼於各種不同程度的傾向性（inclinations）。[12] 我將要設法顯示，自由和決定論的對立，其實是傾向性和其各自強烈程度的衝突。

最後，是在使用「責任」這個概念時的混淆不清。「責任」大多數時候用來表示我該受懲罰或受譴責。就此而言，我允許別人譴責我、還是我譴責自己，二者幾乎沒有分別。倘若我自覺有罪，我就自我懲罰；倘若別人發現我有罪，他們會懲罰我。然而，還有另一個責任概念，它與懲罰或「罪咎」沒有任何關係，這個意義上的責任只表示「我很清楚我做了這件事」。事實上，一旦我的行為被認為是「罪惡」或「犯罪」，它就變得與我無關了。做這件事的人不是我，而是那個「罪人」、那個「壞人」、那個如今必須受到懲罰的「他人」，更不用說罪惡感和自責感會造成悲傷、自我厭惡和對生活的厭惡。這一點，在偉大的哈西德派[13]拉比以撒．邁耶（Issac Meier of Ger）筆下有著非常優美的表述：

但凡有誰在談論和反省自己做過的壞事，就是在思考自己行過的惡，而一個人的所思所想會把他困住：他的整個靈魂徹底陷入所思所想之中，因此依然陷於惡。他必定無法回頭，因為靈魂會變得粗鈍，心靈會隨之腐壞，除此之外，悲傷情緒也可能侵襲他。你又當如何？用這種方式或那種方式翻攪污濁，

12 萊布尼茲是少數幾位談及「有傾向性而無必然性」（*incliner sans nécessiter*）的作者之一。

13 譯註：哈西德派為猶太教宗派之一。

污濁仍然是污濁。思考有沒有犯罪對我在天堂有何益？用來沉思這事的時間，我大可以用來為天堂的福樂串幾串珍珠。這就是為什麼經文會說：「離惡行善。」它是叫人要徹底遠離惡，不去思想它，只管行善。你已經做了錯事？那就用做正確的事來相抵罷。[14]

出於同一種精神，《舊約聖經》中的*chatah*一詞通常被譯為sin（罪），實際上是指「迷失（道路）」，並不具有「罪」和「罪人」這兩個詞所具有的譴責意味。類似的，「懺悔」對應希伯來語詞的*teschubah*，意指「回歸（上帝、自身、正道）」，一樣沒有「自我譴責」的意涵。猶太教法典《塔木德》（*Talmud*）因此而有「回歸之主」（the master of return，「懺悔的罪人」）之語，甚至認為這種人高於那些從未犯罪的人。

假設我們同意在某特定的個人面對兩件具體事情的層面上討論選擇自由問題，那麼或許可以從一個具體而常見的例子出發：吸菸與不吸菸的選擇自由。我們不妨假設有個菸癮很重的人，他讀到吸菸有害健康的幾份報告，並就此得出結論：要戒菸了。他已經「決定要戒菸」。這個「決定」並不是一個決定，只不過說出來一個希望而已。他已經「決定」要戒菸，第二天他感覺好得不得了，第三天感覺糟糕透了，第四天他不想讓自己顯得「不合群」，第五天他懷疑那幾份健康報告可能有誤，於是他恢復吸菸，儘管他之前已經「決定」戒菸。這些決定只不過是主意、計畫、空想，除非落實真正的選擇，否則它們沒多少、或完全沒有真實性。這個選擇要成真，必須有一根菸擺在他面前，要他決定吸還是不吸。之後他還要對另一根菸做出決定，如此類推。需要個人做出決定的永遠是具體的行為。在任何這一類情形中，問題都是：他具有不吸菸的自由嗎？還是沒有這項自由呢？

這裡會產生幾個問題。假設他不相信那幾份有關吸菸的健康報告，又或者他雖然相信，卻認為寧可少活二十年也不能沒了吸菸的樂趣。這種情況下顯然不存在選擇的問題。然而，這個問題有可能只是被掩蓋住了。他意識層面的想法可能不過是合理化他的一種感覺：即使他努力戒菸，也打不贏這場仗。所以，他就假裝沒有

14 Quote in *In Time and Eternity*, ed. by N. N. Glatzer (New York: Schocken Books, 1946.)

仗要打。然而，不管選擇是有意識的還是無意識的，選擇的本質是一樣的：它是在受理性支配的行動和受非理性激情支配的行動之間進行選擇。在史賓諾莎看來，自由是以「充分觀念」（adquate ideas）為基礎，而這些「充分觀念」又是以個人對現實的認識和接受為基礎，其所決定的行動會讓精神和心智得到最大的發展。他認為，人的行動在因果關係上是由激情或者理性所決定的。由激情主宰時，人是受束縛的；由理性主宰時，人是自由的。

非理性激情對人具有極其強烈的控制作用，會迫使他與真正的自我利益背道而馳，會削弱和摧毀他的力量並使他受苦。選擇的自由這個問題並不是在兩個一樣好的可能性之間做選擇。它不是在打網球與徒步旅行之間做選擇，也不是在走訪親友與居家閱讀之間做選擇。決定論或非決定論提到的選擇自由永遠都是在好與壞之間選擇的自由，而且好與壞總是被理解為與生命的基本道德問題有關，例如前進與倒退的分別、愛與恨的分別、獨立與依賴的分別。自由別無其他，就是聽從理性、健康、幸福和良知的聲音的能力，是對抗非理性激情的聲音的能力。在這一點上，我們贊同蘇格拉底、柏拉圖、斯多噶派和康德所持的傳統觀點。我努力強調的是，遵從理性的命令的自由是可以進一步深究的心理學問題。

讓我們回到人面對選擇吸菸與否的例子，也就是回到人有沒有自由遵從自己的理性意願的問題。我們可以假設有這麼一個人，我們幾乎有十成把握地預測他無法遵從自己的意願。這個人牢牢固著於一位母職人物，有著口腔—接受型人格取向，總指望從別人那裡得到什麼，從來都不能堅持自己的意見或權利。這一切加在一起，導致他內心充滿強烈和慢性的焦慮。對他來說，吸菸可以滿足他的接受欲望和防衛他的焦慮。香菸象徵著力量、成熟和活力，出於這個理由，他離不開它。他對菸的渴望是他的焦慮、接受欲等引發的結果，並且與這些動機一樣強烈。最終，渴望吸菸的強烈程度會大到一個地步，讓人無法克服。除非有劇烈變化打亂他內在的力量平衡，否則的話，我們就可以說，他並不能自由地選擇他所知的較佳選項。另一方面，我們也可以想像，有個人因為太成熟、太富創造性和太不貪婪，他不會以違背理性和他真正利益的方式行事。這樣的他同樣不是「自由的」：他無法選擇吸菸，因為他沒有這樣做的傾向。15

選擇的自由並不是一種形式上的抽象能力，人不是「擁有」或「不擁有」這種能力，倒不如說它是人的性格結構的一種功能。有些人沒有選擇善的自由，因為他們的性格結構已經失去了向善、行善的能力。有些人失去選擇惡的能力，也正是因為他們的性格結構失去對惡的渴望。在這兩種極端情況下，我們可以說，兩者的行為都是被決定的，因為他們性格中各種力量達成的平衡沒有讓他們留下任何選擇的餘地。然而在我們大多數人身上，都面臨著矛盾的傾向，它們之間勢均力敵讓我們有了可選擇的空間。一個人的選擇就是他性格中矛盾傾向之間較量的結果。

討論至此，我們應該清楚的是，可以在兩種不同的意義上使用「自由」這個概念。從一種意義來說，自由是一種態度，一種取向，是一個成熟、充分發展、富於創造性的人其性格結構的組成部分。在這層意義上，「自由人」就是一個充滿愛、富於創造性和獨立的人。這層意義上的自由，與在兩種可能的行動之間做出選擇無關，而與當事人的性格結構有關。而且在這層意義上，「沒有選擇惡的自由」的人是個完全自由的人。自由的第二層意義是我們一直以來主要談論的，即人在對立的兩個選項之間做選擇的能力。然而這些選項總是意謂著個人必須在生命的理性利益與非理性利益之間、在生命的成長與停滯、死亡之間二選其一。就這層意義的自由而言，最好和最壞的人都沒有選擇的自由，而是同時具有種種矛盾傾向的普通人，才有選擇的問題存在。

如果我們從第二種意義來談論自由的話，就會出現這個問題：在矛盾的傾向之間進行選擇的自由，究竟取決於哪些因素呢？

顯而易見的是，最重要的因素在於矛盾的傾向各自所具有的力量，尤其是這些傾向的無意識部分所具有的力量。然而，在非理性傾向較為強大時，又是哪些因素支持選擇的自由？我們發現，在選擇較好而非較壞的選項一事上，決定性因素在於覺察（awareness）。這包括：

一、覺察什麼構成善和什麼構成惡。

二、覺察哪種行動在具體情況中是實現所渴望的目的的適當手段。

三、覺察願望背後的各種力量，這意味著發現無意識的欲望。

四、覺察自己有多少真正的可能選項。

15 聖奧古斯丁也指出過，身處至福狀態的人沒有犯罪的自由。

五、覺察自己選擇某一選項而非另一選項的後果。

六、覺察到光有覺察是不夠的，還需要具備行動的意志，以及準備好承受與自己激情相反的行動所帶來的痛苦和挫折。

現在讓我們檢視這些不同類型的覺察。對善與惡的覺察與大多數道德體系中所謂善與惡的理論知識不同。依照傳統權威的觀點來看，愛、獨立和勇氣是善，而仇恨、服從和怯懦則是惡，但這種認知意義不大，因為這些知識是從權威、傳統觀念等來源學到的，是異化的知識（alienated knowledge），只因為出自這些來源才被認為是真實的。覺察指的是個人經驗得出的事物，是他透過親身體會、實驗或觀察他人而獲得的信念，不是照單全收的「意見」（opinion）。然而，一般性原則不夠做為下判斷的依據。除了這個層面的覺察，一個人還需要覺察到自己內心各種力量的角力，覺察到隱藏著無意識力量的合理化藉口。

舉一個具體的例子以茲說明。假設有個男人被一個女人深深吸引，並產生想與女人性交的強烈願望。在意識的層面，他認為自己有這種願望是因為對方太美、太善解人意或太需要被愛，又或者是因為他自己太性飢渴、太需要愛、太寂寞、太……他可能會覺察到如果他和她發生婚外情，兩人的生活可能都會被弄得一團亂；覺察到她因為害怕而在尋找保護力量，因此不會輕易讓他脫身。儘管他認知到這一切，還是不管三七二十一與她發生婚外情。為什麼？因為他覺察到自己的欲望，卻沒覺察欲望後面的各種力量。這些力量會是什麼呢？在眾多可能的力量中，我現在只提其中之一，這種力量常常極為強大有力：虛榮心和自戀。如果他決意征服那個女人以證明自己的吸引力和價值，那麼他通常不會覺察到這個真實的動機。他會被上文提到的那些合理化藉口和更多其他藉口蠱惑，依照自己的真實動機行事而不自知。這恰恰是因為他看不見自己的真實動機，誤以為自己是基於較合理的動機行事。

覺察的第二步是充分覺察自己的行為會有的後果。在做作出決定的那一刻，他的心思充滿了欲望和自我催眠的合理化藉口。然而，如果他能清楚地看到自己行為的後果，則可能會有不同的決定。例如，他能預見一段漫長而虛偽的戀情（因為只有不斷更換新的征服對象才能滿足他的自戀），但仍然做出虛假的承諾，因為他感到內疚，並害怕承認從未真正愛過她，這種衝突對他們的關係造成停頓與無力感等等。

可是，就算一個人覺察到自己潛藏的真實動機，認知到某個決定會造成的後果，仍然不足以增加讓人做出正確決定的傾向。另一種重要的覺察同樣必不可少，那就是覺察到何時才是真正做出選擇的時候，覺察到自己有多少真正可能的選項。

假設他覺察到所有的動機和一切後果，假設他已經「決定」不和那個女人上床。然後，他邀請她看一場演出，看完後要送她回家之前提議：「我們一起喝一杯吧。」表面看來，這無傷大雅，男女一起喝一杯似乎沒什麼大不了的。事實上，如果他內心各力量之間的平衡還沒有變得岌岌可危的話，他的建議確實沒什麼大不了。然而，倘若在那一刻他能認知到「一起喝一杯」將會引起什麼後果，他可能就不會這麼提議。他會看出二人對飲的氣氛是浪漫的，入口的酒精會削弱他的意志力，他會無法抗拒喝過一杯後到她公寓再喝一杯，然後幾乎可以肯定他會在不知不覺中與她做愛。倘若他有充分覺察，他便可以預見到這一連串事件幾乎無可避免，而倘若他能預見，他就不會建議「一起喝一杯吧」。然而，他的欲望蒙蔽了他的雙眼，讓他看不到其後必然發生的一連串事件，讓他在仍然可能做出正確選擇的時候沒有這麼做。換言之，他真正做出選擇的時候是在請女方喝一杯的時刻（也可能是在邀請她看演出的時刻），而非兩人開始做愛的時刻。在決定的鏈條的最後環節上[16]，他不再是自由的。在早些時候，當他覺察到將會在此時此地做出真正的決定時，他可能還是自由的。有些論者主張，人在選擇壞選項而非好選項一事上，沒有任何自由可言。這種觀點很大程度上是因為論者把著眼點放在決定鏈條的最後一個環節，而不是第一或第二個環節。的確，在決定的最後環節上，選擇的自由通常已經消失了。但在早些時候，當一個人尚未深陷於自己的激情而不可自拔時，選擇的自由可能還是存在的。我們或許可以這樣總結：大多數人的生活之所以失敗，原因之一恰恰在於他們沒有在尚有自由按理性行事時意識到這一點，只在為時太晚之後才意識到自己曾有過選擇餘地。

與看出是什麼時候做出真正決定密切相關的，是另一個問題。我們的選擇能

16 譯註：這裡是把「決定」比作由幾個環節構成的鏈條，若按照文中的例子，則邀請女方看演出是第一個環節，邀請她喝一杯是第二個環節，與她共赴雲雨是最後的環節。

力常常隨著生活經歷發生變化。我們越是持續做出錯誤的決定，心腸就越硬；我們越是經常做出正確的決定，心腸就越軟——說得更確切是充滿活力。

下棋是對這個原則很貼切的說明。假設有兩位旗鼓相當的棋手開始對弈，兩人勝算一樣（雖然執白子者勝算會稍高一丁點，為方便討論暫且忽略不計），換言之，兩人都有同等的獲勝自由。後來，走了五步之後，局面就不同了。雖然雙方仍都可能獲勝，但甲因為下了一步妙棋，有了更大的勝算。可以說，他比乙有了打敗對手的更大的自由。但此時乙仍有取勝的自由。接著又下了很多步之後，甲繼續步步正確，乙未能有效反擊，甲差不多就要贏了。但也只是差不多而已，乙還是有贏的可能。再經過進一步的交鋒後，勝負已定。如果乙是高明的棋手，就會認識到自己再無贏棋的自由，會看出自己在被真正將死之前就輸了這盤棋。只有無法正確分析決定性力量的差勁棋手才會心存幻想，認為自己在喪失了贏棋的自由之後仍然可能獲勝。因為這種幻想，他一步步走向悲慘的結局，最後眼睜睜看著自己的王被將死。17

下棋這個類比的意涵是顯而易見的。自由不是一種我們要不是「具有」就是

「不具有」的恆定屬性。事實上，除了作為一個詞和一個抽象概念，根本不存在「自由」這回事，只有以下事實：我們在選擇的過程讓自己獲得自由的行為。在這個過程中，我們選擇的能力因每一個行為和生活實踐的不同而不同。生活中能增強我的自信、人格完整性、勇氣和信念的每一步，都會同時增強我選擇的能力，直到讓我在面對可取選項與不可取選項之間時，選擇後者的難度越來越大。反之，每一次的投降和懦弱都會讓我變得更軟弱，為更多的投降鋪路，最終讓自由一去不復返。在我無法選擇錯誤選項和我沒有自由從事正確行為的這兩個極端之間，存在著無數程度各異的選擇自由。在生活實踐中，選擇的自由度隨每一種處境有所不同。如果選擇向善的自由度很高，一個人需要為選擇向善而付出的努力較小；如果選擇向善的自由很低，則需要很大的努力、別人的幫助和有利的環境。

17 如果只是下棋輸了，結局可能沒什麼大不了。但如果軍事將領因為缺乏才能和客觀性而看不出戰爭已經輸定了，從而導致再多幾百萬人喪生的話，就是慘絕人寰的結局了。可是就在本世紀，我們卻見證了兩次這種悲慘的結局：第一次是在一九一七年，第二次是在一九四三年。這兩次都是德國的將領沒能了解他們已經失去了打勝仗的自由，繼續進行無意義的垂死掙扎，為此斷送數百萬人的性命。

這種現象的經典例子之一，見於《聖經》中法老對希伯來人要求離開埃及的反應。他害怕越來越嚴重的災難降臨到他和他的人民身上，於是答應放走希伯來人，然而眼前的災禍一消失，「他的心剛硬起來」，又一次決定不放希伯來人離去。心腸變硬是了解法老行為的關鍵。他越是拒絕做出正確選擇，他的心就變得越硬。多大的災禍也不會改變這種致命性發展，最後導致他和他的百姓被毀滅。他的心從未經歷變化，因為他的決定只以恐懼為基礎。也因為缺少變化，他的心變得越來越硬，直到不再有一絲選擇的自由留給他為止。

只要看看我們自己和他人的發展就會明白，法老心腸變硬的故事只是對我們日常所見之事的文學性表達。讓我們來看這個例子：有個八歲的白人男孩和黑人女傭的兒子要好。白人男孩的母親不喜歡兒子與黑人男孩玩耍，囑咐兒子不要再找對方。白人男孩不答應，母親便說如果他聽話便帶他去看馬戲表演。白人男孩屈服了。這種自我背叛和接受賄賂的行為在小男孩身上發揮蠶食作用。他感到慚愧，他的人格完整性受到損害，失去了自信心。不過，並沒有發生任何無可挽回的事。十年之後，白人男孩愛上一個女孩。兩人不是一時意亂情迷，而是彼此惺惺相惜，用情至深。可是女孩出身低微，白人男孩的父母對這段戀情感到不快，設法勸阻。見他仍然堅持己見時，父母答應送他到歐洲旅行半年，表示如果他回來後還是愛著心上人，便讓他們正式交往。他接受了建議。在意識的層面，他相信這趟旅行會對他大有裨益，而且不會讓他對心上人的愛意減少半分。但事情的演變並非如此。在歐洲，他遇到很多女孩，非常受歡迎，他的虛榮心得到滿足，愛情和結婚念頭最終越來越淡薄。回國之前，他寫了封分手信給本來的心上人。

他是什麼時候做成這個決定的呢？不是他自以為的是在他提筆寫分手信那一天，而是在他接受父母提供的歐洲之旅那一天。他意識到——雖然不是在意識層面意識到——當他接受賄賂，就是把自己賣了，必須履行對父母的承諾：與心上人分手。他在歐洲的所作所為並不是導致兩人分手的原因，而是他成功履行承諾的機制。他再一次背叛了自己，後果就是自我鄙視和內在軟弱的增加（隱藏在諸如新征服帶來的滿足感背後），以及自信的缺乏益發嚴重。我們還有必要追蹤他後來的生活嗎？他最終繼承父業，捨棄了原本頗有些天賦的物理學專業；他的妻子是父母富有朋友的女兒；他成為一個成功的商人和政治領袖；他違背良知做出一些致命的決定，原因是他害怕抵觸輿論。他的人生史就是一部心腸變硬的歷史。道德上的一次挫敗讓他更易接受下一次挫敗，直到無法回頭為止。八歲的時候，他原本可以堅定立場，拒絕賄賂，那時他還是自由的。或許某個朋友、祖父輩或師長在了解到他的難處之後，會伸手幫他一把。十八歲的時候，他已經不如從前自由了。他此後的人生是自由不斷減少的過程，直到人生一敗塗地為止。大多數最終變得無所顧忌和心腸硬的人——例如希特勒和史達林的手下——在人生之初都曾有機會成為好人。對他們的人生展開非常詳細的分析，我們可能了解他們的心腸在人生不同階段硬到何種程度，他們又是在什麼時候失去了保留人性的最後機會。與此相反的情況同樣常見：一次勝利讓下一次勝利變得更容易，直到當事人不須付出努力便可做出正確選擇為止。

這個例子表明，大多數人在生活智慧上一敗塗地，不是因為他們生來就壞，或者是他們太缺乏意志乃至無法擁有更好的人生，而是因為他們沒有覺醒，在走到十字路口和必須做出決定時不自知。他們沒有覺察生命向他們拋出問題，沒來得及在還有選項的時候做出選擇。之後在歧路上每多走一步，要他們承認自己走錯路就益發困難，但這通常只是因為他們不願意承認自己必須回到第一次拐錯彎的岔路口，而且必須接受自己浪費了精力和時間的事實。

這個道理也適用於社會現象和政治現象。希特勒上臺獨攬大權是勢在必然的嗎？德國人民在任何時候都有推翻他的自由嗎？一九二九年出現了使德國人倒向納粹的多重因素，顯而易見的有：社會上存在著一群滿腹牢騷和有施虐癖的下層中產階級民眾，他們的心態早在一九一八年至一九二三年之間就已經成型；一九二九年經濟大蕭條導致的大規模失業；社會民主派領袖從一九一八年開始默許發展的德國軍國主義力量日益增強；重工業領域的領軍者對反資本主義運動憂心忡忡；德國共產黨在戰略上把社會民主黨人列為頭號勁敵；以及出現一個雖然有些天賦但卻半瘋和投機取巧的煽動家。另一方面，德國也存在著強烈反納粹的工人階級黨派和強有力的工會；存在著反納粹的自由派中產階級；存在著德國的文化和人本主義傳統。兩邊的力量是那麼的勢均力敵，因此在一九二九年的時候，打敗納粹仍然是真正可能實現的事。在希特勒派兵占領萊茵蘭（Rhineland）之前，這種可能性同樣存在。有些軍事將領密謀推翻他，他的軍隊編制也存在缺陷。這時，如果西方反法西斯同盟採取雷霆行動，十之八九可以推翻希特勒。另一方面，如果希特勒不是那麼喪心病狂和慘無人道，導致被占領國家的人民紛紛奮起反抗，結果又會如何？如果希特勒聽從手下將軍的建議從莫斯科、史達林格勒和其他戰場實行戰略撤退，結果又會是如何？這樣，他會不會仍然擁有避免全面潰敗的自由？

最後這個例子，讓我們看到覺察的另一個面向，在很大程度上決定人做出選擇的能力：覺察到那些真實的選項，而不是那些非基於真實可能性的選項。

決定論主張，每個需要做出選擇的情境中只存在一個真實的可能性（real possibility）。所以黑格爾認為，自由的人在行事時是認知到這個唯一可能性，即認知到這種必然性；不自由的人則看不到它，因此是被迫行事，不知道自己是必然性的執行者，即理性的執行者。另一方面，非決定論則聲稱，人在選擇時面對多種可能性，而人有自由在其中做出選擇。然而，在通常的情況下，不是只存在一個「真實的可能性」，而是存在兩個或甚至更多個。也從來沒有任何任意性讓人可以在數量無限的可能性中選擇。

「真實的可能性」是什麼意思呢？真實的可能性就是在考慮到個人或社會內部

各種相互作用的力量所形成的整體結構後，有實現的可能性。它與虛構的可能性形成對立，後者是以人的願望和欲望為依據，但卻因為既有環境的限制而永遠不可能實現。人是以某種特定的方式構成的群體。而這種特殊的結構模式受到多種因素的影響：環境因素（階級、社會、家庭），以及遺傳和體質條件。透過研究體質給定的趨勢，我們已能夠看出它們並不必然是某種「後果」的「起因」。一個天生羞怯的人有可能會變得靦腆孤僻和消極被動，也可能會敏悟過人，成為詩人、心理學家或醫生。但他不具備成為一個不敏感、無憂無慮、說幹就幹的人的「真實可能性」。上述兩個方向中，他究竟會朝哪邊發展，取決於其他因素。這道理也適用於一個天生具有、或早年形成施虐癖成分的人。這樣，這個人或許會成為施虐狂，但他也有可能透過對抗來克服自己的施虐癖，形成一種特別強大的精神「抗體」，讓他做不出殘忍的事，同時也讓他對別人的任何殘忍行為高度敏感。但他絕不可能成長為一個對殘忍無動於衷的人。

現在讓我們從體質因素的「真實可能性」回到先前那個吸菸者的例子。他面對兩個真實的可能性：要麼繼續做個老菸槍，要麼自此徹底戒菸。他以為自己可以改變、少吸些菸的想法只是一種錯覺。又如婚外情的例子，當事人面對兩個真實的可能性：要麼不邀請那個女人外出，要麼跟她來一段外遇。他以為自己可以邀女方喝一杯但不跟她發生關係，但考慮到他和她的人格中的各種力量，這種可能性是不真實的。

如果希特勒當初對占領區的人民不是那麼殘暴無情，如果他當初不是那麼自戀乃至於不允許戰略撤退，等等，他是有著贏得戰爭——至少不致輸得如此徹底——的真實可能性。但除了這些選項之外，他沒有其他真實可能性。他以為他可以向占領區人民宣洩他的破壞性，可以用絕不撤退來滿足自己的虛榮和狂妄，可以按照自己的龐大野心來威脅其他資本主義國家，同時又可以贏得戰爭——但這並不在真實可能性的範圍內。

同樣的道理也適用今日的局勢。當前存在著強烈的戰爭傾向（由於各方都擁有核子武器和由此導致的相互憂懼和猜疑心態）；對國家主權盲目崇拜；外交政策缺乏客觀性和理性。另一方面，美蘇兩大陣營中的大多數民眾都希望避免核子毀滅的大災難；其他世人發出聲音，要求兩強不得把其他國家捲入他們的瘋狂行為；現有的一些社會和技術因素能提供和平的解決方案，為人類的幸福未來鋪平道路。既然我們有兩組傾向相反的因素，也就有兩個真實的可能性可以供人選擇：要麼是選擇和平，結束核武競賽和冷戰，要麼選擇戰爭，繼續推行當前的政策。兩個可能性都真實的，儘管其中一個的可能性比另一個大。人類仍然擁有選擇的自由。但絕不可能做到的是，我們繼續推進軍備競賽和冷戰，繼續懷著偏執妄想的仇恨心態，同時又企圖避免核子毀滅。

一九六二年十月，決定的自由看似已經失去，每個人（少數的瘋子除外）都不願看見的大災難眼看就要發生。[18]那一次，人類是得救了。緊繃的局勢後來得到緩和，讓談判和妥協成為可能。當前，即一九六四年，很可能是人類最後一次有自由在生命與毀滅之間進行選擇的時機。如果我們不能超越各種浮淺的安排（它們固然象徵著善意，卻不代表洞悉既有的選項和各自的後果），那麼我們的選擇自由終將消失。倘若人類自取滅亡，將不會是因為人心生來邪惡，而是因為無法認知到符合

18 譯註：指引起美蘇關係劍張弩拔的古巴飛彈危機。

現實的選項和它們的後果。自由的可能性，恰恰在於認知到我們可以在何者之間進行選擇的真實可能性，而何者是「不真實的可能性」。後者是我們一廂情願的想法，讓我們免去在真實但不受（個人或社會）歡迎的選項之間進行選擇的不愉快差事。不真實的可能性當然就是指沒有任何可能，只是脫離實際的白日夢。然而不幸的是，我們大多數人在面對真實的選項，有必要做出需要洞察力和犧牲的選擇時，卻寧願去想像還有別的可能性可以魚與熊掌兼得。於是，我們就看不到這些不真實的可能性並不可能，不明白追求它們只是讓命運躲在煙幕後自行作主。人若是活在非可能性（non-possibilites）[19]可以實現的錯覺之中，當大災難出人意表地發生時，就會感到震驚、憤怒和受傷。這時，他會採取歸咎別人、為自己辯解和向上帝求助的錯誤態度——儘管他唯一應該怪的，是自己缺乏面對問題的勇氣和缺乏理解問題的理性。

至此，我們可以得出結論，人的行為總是由他性格中的力量（通常是無意識的力量）所促使的傾向引起。當這些力量發展到某種強度，它們可能會變得非常強大，不只讓人產生某種傾向，還會完全左右他，因而讓他失去選擇的自由。某些人的性格中，各種相互衝突的傾向有效運作，因此有選擇的自由。這種自由受到真實可能性的限制，而這些真實的可能性是由整體形勢所決定。人的自由在於他有可能在真實的可能性（選項）之間進行選擇。這個意義下的自由可以被界定為基於對各選項和其後果的覺察行事，而不是「基於對必然性的覺察行事」。從來不存在非決定論（indeterminism）這回事。存在的有時是決定論（determinism），有時是以「覺察」這種人類專屬現象為基礎的取捨論（alternativism）[20]。換一種說法就是，事出必有因。但在一件事發生前的諸多事件組合中，或許存在著好些動機可能變成引發下一起事件的起因。這些可能的起因中哪一個會演變為實際起因，或許取決於人在做決定的那一刻的覺察。換言之，無事不有其因，但並非凡事都是被決定（此處取這詞的「強硬」意義[21]）。

19 譯註：即不真實的可能性。

20 譯註：這裡的「非決定論」、「決定論」和「取捨論」可分別理解為「非決定作用」、「決定作用」和「取捨作用」。

21 譯註：指「強硬決定論」意義下的決定。

我們這裡對決定論、非決定論和取捨論的探討，主要是承襲三位思想家的思路：史賓諾莎、馬克思和佛洛伊德。這三位思想家常常被稱為「決定論者」。這樣稱呼是有好理由的，一大理由是他們自己也這麼說。史賓諾莎曾寫道：「在心靈中沒有絕對的或自由的意志。心靈之所以有這個意願或那個意願，乃是由某個原因所決定，而這個原因又為另一個原因所決定，而那個原因又同為別的原因所決定，如此遞進，以至無窮。」（《倫理學》第二部分，命題四十八）史賓諾莎主張，我們會體驗我們的意志是自由的（康德和很多其他哲學家認為這正是意志自由的證據），其實是一種自欺：我們意識到自己的欲望，卻意識不到這些欲望背後的動機。因此我們相信我們的欲望是「自由」的。佛洛伊德也曾表明自己的決定論立場。他說，相信有心靈自由和選擇這回事的非決定論：「很不科學。……它應該讓路給決定論，後者甚至統治著精神生活。」馬克思看上去也是一位決定論者。他發現了歷史規律，把政治事件解釋為階級分層和階級鬥爭的結果，並把後者解釋為現有生產力及其發展的結果。三位思想家看來都否認人有自由可言，都看見在人背後運作的力量，這些力量不僅使人產生傾向，而且決定其如何行事。在這個意義上，馬克思是嚴格的黑格爾主義者，對他來說，對必然性的覺察體現出最大的自由。22

不僅史賓諾莎、馬克思和佛洛伊德自己的表達方式讓他們看起來像是決定論者，他們的很多門徒也是這樣看他們。馬克思和佛洛伊德的情況尤其如此。很多「馬克思主義者」表達過類似的論述，似乎歷史進程不可改變，好像未來是由過去決定，好像某些事件的發生有其必然性。佛洛伊德有很多弟子也是這樣看他。他們認為佛洛伊德的心理學是科學的，而原因正是它能從前因預測後果。

然而，這種把史賓諾莎、馬克思和佛洛伊德詮釋為決定論者的做法，完全置他們哲學思想的其他部分於不顧。何以「決定論者」史賓諾莎的主要著作23是談倫理學的？何以馬克思的主要動機是推動社會主義革命？何以佛洛伊德的主要目標是治好病人的精神官能症？

要回答這些問題簡單有餘。三位思想家都看得出來，人和社會在很大程度上

22 拙著《在錯覺鎖鏈的彼岸》對這些方面有詳盡的討論。

23 譯註：指《倫理學》一書。

傾向於以某種方式行事，而且這種傾向往往高到具有影響決定的作用。但同時，他們又不只是想要解釋和闡述的哲學家，而是還想要轉化和改造。在史賓諾莎看來，人的任務（倫理目標）恰恰就是減低決定作用以獲得最佳程度的自由。要做到這一點的辦法是自我覺察（self-awareness），是透過把捆綁我們的激情轉化為行動（「積極的情感」）——行動讓人能夠根據他的真正利益行事。「一種情感如果是一種激情，當我們對其形成一個明確清晰的想像時，它就不再是激情了。」（《倫理學》第五部分，命題三）根據史賓諾莎所言，自由不是給予我們的事物，而是我們可以透過洞察力和努力在一定限度之內獲得的事物。倘若我們具備堅忍和覺察，就有可選的選項。征服自由是困難的，這也是何以大多數人都失敗了。史賓諾莎在《倫理學》的最後寫道：

現在，我已經將我想表達的、所有關於心靈克制情感的力量，以及關於心靈的自由的意義充分發揮了。由此可以清楚看到，智者是如何強而有力，如何高超於單純為情欲所驅使的愚者。因為愚者的心靈在種種情況下單純地為外在因素所激動，從來沒有享受過真正的靈魂滿足；他生活下去，似乎不知道他自己，不知上帝，亦不知萬物。當他一停止被動時，他也就停止存在了。反之，凡是可以真正視為智者的人，他的心靈是不受激動的，而且依某種永恆的必然性而能知其自身，能知上帝，也能知萬物。他絕不會停止存在，而且永遠享受著真正的靈魂滿足。

很少有人發現這條我所指出的、可以達到目的的道路。它確實是困難的，但仍然可以被發現。如果救贖之路近在咫尺，不費吹灰之力就可以發現，又怎麼會幾乎為所有人忽略呢？但一切高貴的事物莫不罕有，也莫不困難。

史賓諾莎堪稱是現代心理學的奠基人，他看到了對人發揮決定作用的各種因素，但他撰寫的是一部《倫理學》。他想顯示人要如何能掙脫枷鎖，獲得自由。他所說的「倫理」正是對自由的征服。這種征服可能透過理性、透過充分觀念（adequate ideas）和透過覺察達成，但有一個條件：個人願意比大多數人付出更多的努力。

如果說史賓諾莎的著作意在「拯救」個人（拯救意指透過覺察和努力征服自由），那麼，馬克思同樣意在拯救個人。但史賓諾莎討論的是人的非理性問題，馬克思則對這項概念予以拓展。他主張，個人的非理性是由社會的非理性所引起，而社會的非理性又是經濟和社會現實的無計畫性和固有矛盾所造成。與史賓諾莎一樣，馬克思的目標是打造自由和獨立的人。但為了達成這種自由，人必須覺察到在他背後運作，並對他發揮決定性作用的那些力量。解放是覺察和努力的結果。更具體地說，馬克思相信工人階級是全世界人類解放的歷史推手，相信階級意識和階級鬥爭是人類解放的必要條件。在下述論點的意義下，馬克思和史賓諾莎一樣是一名決定論者：倘若你繼續盲目，不付出最大努力，你將會失去自由。但他也像史賓諾莎一樣，不是只想要解釋，他還想要改變，因此，他所有的工作就是企圖教會人類如何透過覺察和努力獲得自由。馬克思從未如人們常常以為的那樣，說過他預測的歷史事件必將發生。他始終是個取捨論者（alternativist）。如果能覺察到在他背後運作的力量，如果他投入巨大的努力去爭取自由，那麼他就可以掙脫必然性的鎖鏈。偉大的馬克思詮釋者羅莎・盧森堡（Rosa Luxemburg）如此闡述了取捨論：在這個世紀，人得「在社會主義和野蠻主義之間」做出取捨。

決定論者佛洛伊德同樣是個想要改造現實的人：他想用精神健康取代精神官能症，用自我（Ego）的主宰取代本我（Id）的主宰。精神官能症除了意謂著人失去按照理性行事的自由以外，還能意謂些什麼？精神健康除了意謂著人有能力按照自己的真正利益行事以外，還能意謂些什麼？與史賓諾莎和馬克思一樣，佛洛伊德看出人在很大程度上是被決定的。但佛洛伊德同時也認知到，以某種非理性（因而也是毀滅性）方式行事的這種強烈衝動是可以改變的——可以透過自我覺察和努力來改變。因此，他的工作就是企圖設計出一種方法，透過自我覺察來治療精神官能症。其療法的座右銘是：「真理必叫你們得以自由。」[24]

有幾個重要的概念為這三位思想家所共有：

一、人的行為是前因決定的，但他可以透過覺察和努力把自己從這些原因的力量之中解放出來。

24 譯註：語出《新約聖經・約翰福音》8：32。

二、理論和實踐不可分離。為了得到「拯救」或自由，我們必須認識事實，必須有正確的「理論」。但除非我們有所行動和奮鬥，否則我們無從認識事實。[25]理論和實踐的不可分離，解釋世界和改變世界的不可分離，正是三位思想家的偉大發現。

三、雖然他們都相信人有可能在爭取獨立和自由的戰鬥中落敗，因而在這個意義上是決定論者，但他們本質上都是取捨論者。

他們教世人明白，人可以在某些可確定的可能性之間選擇，這些選項之中哪些會成為現實完全取決於人自身——只要他尚未失去自由，便是取決於他。因此，史賓諾莎並不相信每個人都會得到拯救，馬克思並不相信社會主義必然會贏，佛洛伊德也不相信每種精神官能症都能用他的方法治癒。事實上，這三位思想家都同時是懷疑論者而又秉持強烈的信念。在他們看來，自由不只是在認知到必然性的情況下行事，還是擇善棄惡的絕佳機會——是基於覺察和努力而在真實的可能性之間做出選擇的機會。他們的立場既不是決定論也不是非決定論：是一種現實的、批判的人本主義立場。[26]

這也是佛教的基本立場。佛陀認知到人類受苦受難的原因是貪欲。祂把兩個選項擺在世人面前：要麼是保留貪欲，繼續痛苦，仍舊受輪迴的桎梏，要麼是棄絕貪欲，終結痛苦和輪迴。人可以在這兩種真實的可能性之間選擇，除此之外沒有別的選項。

至此，我們已經考察了人心，考察了其善惡傾向。那麼，我們是否已獲得了

25 例如，佛洛伊德就相信，為了獲得療癒，病人有必要為治療付款，在經濟上有所犧牲。另外也有必要不按非理性幻想行事，接受挫折感上的犧牲。

26 這裡所描述的關於取捨論的立場，基本上是《希伯來聖經》裡的觀點。上帝並沒有透過改變人的心來干預人類歷史。祂派遣使者和先知帶進行三重使命：向人顯示某些目標、向人顯示他所做的決定會有的後果，以及反對錯誤的決定。人的決定完全出於他自己，沒有任何人（即便是上帝）能夠「拯救」他。對這項原則最清晰的表達，可見於上帝回答撒母耳稟告希伯來人想要一個王之時：「你要依從他們的話，只是當警戒他們，告訴他們將來那王怎樣管轄他們。」見希伯來人在撒母耳描述過東方君主制度的專制之後仍然堅持要一個王，上帝便說：「你只管依他們的話給他們立王吧！」（《舊約聖經．撒母耳記上》8：9 & 8，22）同樣的取捨論思想還見於以下的經文：「我今日呼天喚地向你作見證：我將生死禍福陳明在你們面前，所以你要揀選生命，使你和你的後裔都得存活！」（《舊約聖經．申命記》30：19）人有得選擇。上帝無法拯救他，上帝能做的只是在他面前擺出基本的選項，即生命和死亡，並鼓勵他選擇生命。

比我們在本書第一章提出問題時更堅實的基礎？

可能是如此。至少或許足以對我們的探究結果做出總結。

一、惡是人類特有的現象。它是企圖倒退，回到前人類狀態（pre-human state），企圖消除人類獨有的特質：理性、愛和自由。然而，惡不僅專屬於人類，還是悲劇性的。即便人倒退回最原始的經驗形式，也絕不會不再是人，因此也就絕不能滿足於以惡作為解決方案。動物不能行惡，牠們根據內建的驅力行動，這些驅力本質上為牠們的生存利益服務。惡是人企圖超越人的領域到非人的領域，但它又完全是人所專有，因為一如人完全不可能成為「上帝」，他也完全不可能成為動物。惡是人在悲劇性地企圖逃避當人的責任時的自我喪失。更能將人作惡的潛力激發出來的，是他天生具有一種想像力，可以想像一切惡的可能性，並因此渴望付諸實行以滿足他對惡的想像。[27]此處所說的善和惡，本質上與史賓諾莎所說的一致。他在《倫理學》第四部分的序言中提到：「因此，下文裡所謂善，是指我們所確知的、任何足以幫助我們更加接近我們確立的人性類型（type of human nature）的事物（史賓諾莎也把「人性類型」稱為「人性模型」）。反之，所謂惡是指我們所確知的、足以阻礙我們接近人性類型的事物。」在史賓諾莎看來，從邏輯上講，「一匹馬無論變成人也好，變成昆蟲也好，牠的本質都同樣遭到毀滅。」善能使我們的存在變得越來越接近我們本質，惡則使我們的存在與本質不斷疏遠。

二、惡的程度同時也是倒退的程度。最大的惡是最尖銳地對立於生命的那些欲望，包括：熱愛死亡；想要回到子宮、回到泥土，或回到無機狀態的亂倫共生欲望；自戀式的自我獻祭。自戀讓人成為生命的敵人，這正是因為自戀讓人離不開自我的牢籠。這樣的活法就是活在「地獄」裡。

三、倒退得少一點，惡也就少一點。小惡可表現為愛的欠缺、理性的欠缺、興趣的欠缺、勇氣的欠缺等。

四、人同時有倒退和前進的傾向，這是「人同時傾向善和傾向惡」的另一種說法。如果這兩種傾向仍處於某種平衡中，人就有選擇的自由，前提是他能利用自己的覺察和投入努力。他有自由去選擇那些由他所處的總體情境所決定的選項。然

27 值得指出的是，《希伯來聖經》用來指善惡衝動的用語 *Jezer*，其本意就是「想像」。

而，如果他的心腸已經變得太硬，以致傾向之間的平衡不復存在，那麼他便不再有選擇的自由。在導致失去自由的一連串事件中，最後那個決定通常是在人再也沒有選擇自由時做出的。在做第一個決定時，如果他覺察到第一個決定的重要性，他可能還有自由選擇通向善的那個選項。

五、人對他有自由選擇的行為負有全部責任。但是，責任只是一個道德假設，而且通常是當權者想要懲罰人的託辭。恰恰因為惡是人所專有、是倒退的潛能和人性的喪失，它存在於我們每個人之中。對惡的認識越深刻全面，我們就越無法自命為審判他人的法官。

六、人的心腸有可能變硬：它會變得沒人性，但絕不會不是人的心。它自始至終總是人的心。我們都被生而為人這個事實所決定，也因此註定有沒完沒了的選擇需要決定。我們在選擇目標時必須同時選擇手段。我們切不可依賴任何人的拯救，又必須非常清楚地認知到，錯誤的選擇會讓我們無法拯救自己。

為了選擇善，我們確實必須變得覺察，但是，如果我們對他人的痛苦、親切的目光、鳥兒的歌聲和青草的翠綠喪失感懷的能力，則再多的覺察也無濟於事。如果人變得對生命無動於衷，那麼他就無法再選擇善良。如此一來，他的心腸將會變得無比剛硬，他的「生命」將會結束。假如這種事發生在全人類身上，或者發生在手握至高權力的幾個人身上，那麼，人類的生命就有可能在其前途最看好的時刻灰飛煙滅。

人心

人是狼還是羊？佛洛姆辯證人性善惡的經典

The Heart of Man: Its Genius for Good and Evil

作　　者　埃里希・佛洛姆（Erich Fromm）
譯　　者　梁永安
副 社 長　陳瀅如
責任編輯　翁淑靜
特約編輯　沈如瑩
封面設計　IAT-HUÂN TIUNN
內頁排版　洪素貞
行銷企劃　陳雅雯、張詠晶

出　　版　木馬文化事業股份有限公司
發　　行　遠足文化事業股份有限公司 (讀書共和國出版集團)
　　　　　231新北市新店區民權路108-4號8樓
電　　話　（02）22181417
傳　　真　（02）22180727
電子信箱　service@bookrep.com.tw
郵撥帳號　19588272木馬文化事業股份有限公司
客服專線　0800-221-029
法律顧問　華洋法律事務所 蘇文生律師
印　　刷　呈靖彩色印刷有限公司
初　　版　2024年7月

定　　價　400元
I S B N　978-626-314-677-8（平裝）
　　　　　978-626-314-679-2（PDF）
　　　　　978-626-314-678-5（EPUB）

人心：人是狼還是羊？佛洛姆辯證人性善惡的經典 / 埃里希 . 佛洛姆 (Erich Fromm) 著 ; 梁永安譯 . -- 初版 . -- 新北市：木馬文化事業股份有限公司出版 : 遠足文化事業股份有限公司發行 , 2024.07
　面； 公分
譯自 : The heart of man : its genius for good and evil.
ISBN 978-626-314-677-8(平裝)

1.CST: 人性論

191.6　　113006270